나도
영어공부
시작할래!

나도
영어공부
시작할래!

초판 인쇄일 2016년 8월 19일
초판 발행일 2016년 8월 26일

지은이 황혜진
발행인 박정모
등록번호 제9-295호
발행처 도서출판 혜지원
주소 (10881) 경기도 파주시 회동길 445-4(문발동 638) 302호
전화 031)955-9221~5 팩스 031)955-9220
홈페이지 www.hyejiwon.co.kr

기획 · 진행 김형진
디자인 김보라
영업마케팅 김남권, 황대일, 서지영
ISBN 978-89-8379-903-6
정가 13,000원

Copyright © 2016 by 황혜진 All rights reserved.
No Part of this book may be reproduced or transmitted in any form,
by any means without the prior written permission on the publisher.

이 책은 저작권법에 의해 보호를 받는 저작물이므로 어떠한 형태의 무단 전재나 복제도 금합니다.
본문 중에 인용한 제품명은 각 개발사의 등록상표이며, 특허법과 저작권법 등에 의해 보호를 받고 있습니다.

이 도서의 국립중앙도서관 출판예정도서목록(CIP)은 서지정보유통지원시스템 홈페이지(http://seoji.nl.go.kr)와
국가자료공동목록시스템(http://www.nl.go.kr/kolisnet)에서 이용하실 수 있습니다.(CIP제어번호: CIP2016017608)

머리말

주변에서 영어에 대한 고민을 이야기할 때 가장 많이 듣는 말이, 어디서부터 시작해야 할지 모르겠다는 말과 공부를 해도 막상 외국인을 만나면 입이 안 떨어진다는 말입니다.
'나도 영어공부 시작해야지!' 마음먹고 무작정 단어만 외우는 분들, 또는 어려운 책으로 공부하면서 너무 힘들다고 하는 분들도 참 많이 봐왔습니다.

영어는 언어입니다. 시중에 나와 있는 많은 영어책의 제목처럼 그렇게 단시간 내에 마스터 할 수 있는 공부가 아닙니다. 기초부터 탄탄하게 쌓아가며 오랜 시간 꾸준히 노력해야 하는 게 바로 언어죠. 우리가 어릴 때 말을 하기까지 얼마나 오랜 시간, 얼마나 많은 양의 한국어에 노출됐었는지를 생각하면 이해가 될 거예요.

하지만 너무 걱정 마세요! 기본적인 패턴부터 익혀 나가다 보면, 조금씩 의사소통이 가능하게 되고, 또 내 생각을 표현할 수 있게 될 테니까요.
자존심이 상한다는 이유로, 또는 그동안 많은 책을 샀다는 이유로 무조건 어려운 책으로 시작하지 말고, 『나도 영어공부 시작할래!』의 쉬운 패턴들로 공부해보세요. 단순한 패턴이지만 실생활에서 정말 많이 쓰이는 패턴들이라 평소에 외국인과 대화할 때, 외국 여행을 갔을 때 등 다양한 상황에서 유용하게 쓸 수 있는 문장들이 담겨있습니다.
패턴과 함께 나온 동사, 명사, 형용사를 더해 점점 말할 수 있는 문장의 수를 늘려가면 조금씩 자신감이 붙게 될 거예요.

한 번 쓱~ 훑어보고 끝내지 말고, 입에 붙을 수 있도록 음원을 듣고 큰 소리로 반복해서 따라 해보세요. 『나도 영어공부 시작할래!』로 즐겁게 공부하면서 영어랑 많이 친해지기 바랄게요!

저자 **황혜진**

이 책은 이렇게 보세요!

『나도 영어공부 시작할래』는 영어공부를 처음 시작하는 분이나 학창시절 이후로 영어와는 담을 쌓고 지내온 분들이 쉽게 다시 영어를 시작할 수 있도록 돕는 왕초보 영어책이에요!

문법, 단어, 듣기, 쓰기, 말하기... 학교에서 배운 것처럼 시작하면 몇 년이 걸릴지 몰라요. 여기 말하고 싶은 문장을 패턴에 동사, 명사, 형용사만 대입하면 쉽게 만들고, 음원을 듣고 따라 하는 방법으로 영어가 입에 착착 감기는 책을 준비했어요. 이 책은 이렇게 구성되어 있어요.

UNIT 01~04

단순한 패턴에 동사와 명사를 대입하거나, be동사에 형용사를 결합하고, 조동사 패턴을 이용해 긍정문, 부정문, 의문문 등의 다양한 문장을 만들어 봐요. 문장 만들기 핵심이 되는 동사, 명사, 형용사는 그림과 함께 제시하여 더 잘 기억할 수 있도록 했어요.

UNIT 05~06

패턴을 이용해 현재와 과거에 대해 말할 수 있어요. 주어진 패턴 공식에 원하는 내용만 대입하여 여러 가지 문장을 만들어 봐요.

UNIT 07~08

'너 하지 마', '우리 이거 하자!' 같은 명령문과 청유문도 패턴으로 만들어요. 주어진 패턴 공식에 말하고 싶은 내용만 대입하여 여러 가지 문장을 만들어 봐요.

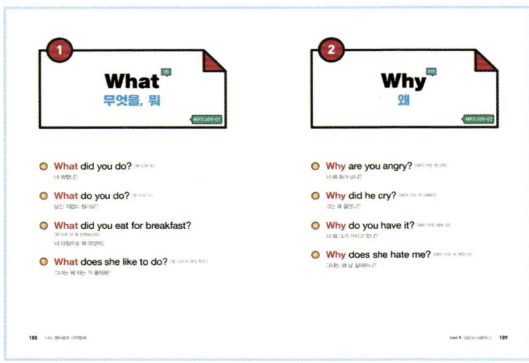

UNIT 09

What, why, where, when, whom, how 의문사 여섯 가지로 궁금한 걸 다 물어보는 의문문을 만들어 봐요. 무엇을 왜 어디서 언제 누가 어떻게 했는지 모두 물어볼 수 있어요.

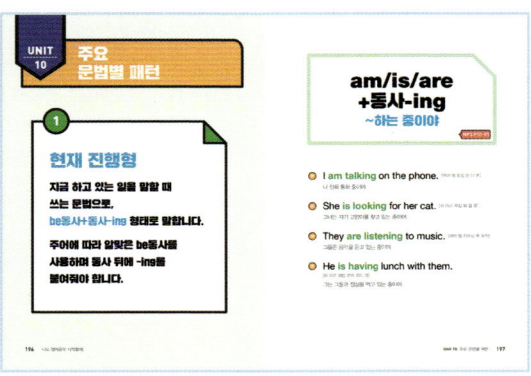

UNIT 10

앞에서 배운 문장보다 조금 더 발전된 문장을 만들 수 있는 패턴 공식을 알아봐요. 공식대로 단어를 조합해 문장을 만들면 셀 수 없이 많은 문장을 응용해서 만들 수 있어요.

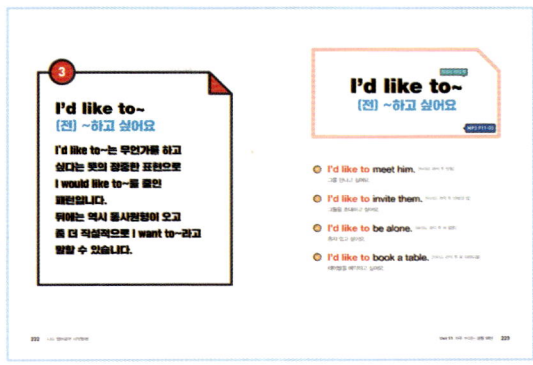

UNIT 11
실생활에 자주 쓰이는 패턴 20개를 엄선해서, 그 패턴으로 만들 수 있는 대표 문장을 제시했어요. 패턴을 확실히 익혀서 생활회화에 유용하게 사용하세요.

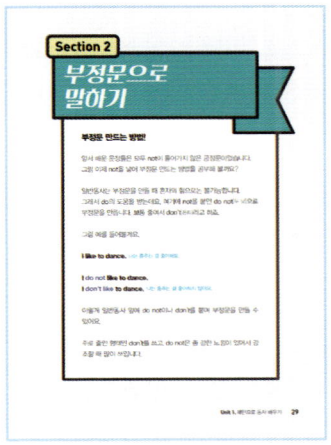

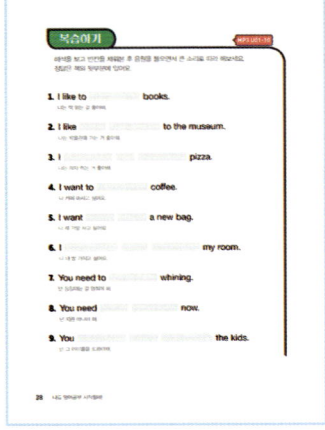

문법 설명
본격적인 학습에 앞서 간략한 문법도 설명했어요. 패턴으로 문장을 만들기 이전에 읽고 시작하면 그 원리를 이해하기 쉬울 거예요.

복습하기
Unit과 Section이 끝나면 앞에서 만들어본 문장의 빈칸을 채운 후 음원을 듣고 큰 소리로 따라하는 복습 코너를 마련했어요. 정답은 책의 뒷부분에 있어요.

목차

머리말   4
이 책은 이렇게 보세요!   5

알고 시작하세요! 나, 너, 우리, 그리고 그들

UNIT 01 패턴으로 동사 배우기   15

Section 1. 긍정문으로 말하기
1. I like to~   난 ~하는 것을 좋아해   16
2. I want to~   난 ~하는 것을 원해요   20
3. You need to~ 넌 ~해야 할 필요가 있어   24

Section 2. 부정문으로 말하기
1. I don't like to~   난 ~하는 거 안 좋아해   30
2. You don't need to~ 넌 ~할 필요 없어   34
3. We don't want to~ 우리는 ~하고 싶지 않아요 38

Section 3. 의문문으로 말하기
1. Do you like to~   너 ~하는 거 좋아해?   44
2. Do they want to~ 그들은 ~하기를 원해?   48
3. Do we have to~   우리 (꼭) ~ 해야 해?   52

8

UNIT 02 — be동사와 형용사 배우기 — 57

① They are~ 그들은 ~다 — 58
② We are not~ 우리는 ~ (하지) 않아 — 62
③ Are you~? 너 ~하니? — 66
④ I'm very~ 나는 정말 ~해 — 70
⑤ I feel~ 나 ~해 — 74
⑥ You look~ 너 ~해 보여 — 78

알고 시작하세요! 그, 그녀, 그리고 그것

UNIT 03 — 패턴으로 명사 배우기 — 85

Section 1. 긍정문으로 말하기
① He loves~ 그는 ~를 좋아해 — 86
② She needs~ 그녀는 ~가 필요해 — 90
③ It has~ 그것은 ~를 가지고 있어 — 94

Section 2. 부정문으로 말하기
① He doesn't love~ 그는 ~를 사랑하지 않아 — 100
② She doesn't need~ 그녀는 ~가 필요하지 않아 — 104
③ It doesn't have~ 그것은 ~를 가지고 있지 않아 — 108

Section 3. 의문문으로 말하기
① Does he love~? 그는 ~를 좋아해? — 114
② Does she need~? 그녀는 ~가 필요해? — 118
③ Does it have~? 그것은 ~를 가지고 있어? — 122

UNIT 04 — 조동사 배우기 — 127

① He can~ 그는 ~을 할 수 있어 — 128
② She can't~ 그녀는 ~을 할 수 없어 — 132
③ Can he~? 그가 ~해도 되(나)요? — 136
④ She may~ 그녀는 ~일(할)지도 몰라 — 140
⑤ He must~ 그는 (꼭) ~해야 해 — 144
⑥ She must not~ 그녀는 ~하면 안 돼 — 148

UNIT 05 — 현재시제로 말하기 — 154

① I'm~ 나는 ~야 — 155
② She's not~ 그녀는 ~가 아니야 — 156
③ We+동사 우리는 ~해 — 157
④ I don't+동사 나는 ~하지 않아 — 158
⑤ They+동사 그들은 ~해 — 159
⑥ He+동사 그는 ~해 — 160
⑦ She doesn't+동사 그녀는 ~하지 않아 — 161

UNIT 06 과거시제로 말하기　　162

1. I was~　나는 ~였어　　165
2. She wasn't~　그녀는 ~않았어　　166
3. You+과거동사　너는 ~했어　　167
4. I didn't~　나는 ~하지 않았어　　168
5. We+과거동사　우리는 ~했어　　169
6. They didn't~　그들은 ~하지 않았어　　170
7. He+과거동사　그는 ~했어　　171

UNIT 07 명령문으로 말하기　　174

1. Be+형용사　~해　　175
2. Don't be+형용사　~하지 마　　176
3. Stop+동사-ing　그만 ~해　　177
4. 동사, please　~해줘　　178
5. Never+동사　절대 ~하지 마　　179

UNIT 08 청유문으로 말하기　　180

1. Let's+동사　우리 ~하자　　181
2. Let's not+동사　우리 ~하지 말자　　182
3. Shall we+동사?　우리 ~할래?　　183
4. Why don't we+동사?　우리 ~하는 게 어때?　　184
5. How about+동사-ing?　우리 ~하는 거 어때?　　185

UNIT 09 의문사 사용하기　187

1. What 무엇을, 뭐　188
2. Why 왜　189
3. Where 어디에, 어디서　190
4. When 언제　191
5. Who 누가　192
6. How 어떻게　193

UNIT 10 주요 문법별 패턴　196

1. am/is/are+동사-ing　~하는 중이야　197
2. was/were+동사-ing　~하고 있었어　199
3. be going to+동사　~할 거야　201
4. will+동사　~할 거야　203
5. 비교급 than　~보다 더 ~한　205
6. the 최상급　가장 ~한　207
7. make+목적어+동사　~가 ~하게 하다　209
8. have+목적어+동사　~가 ~하게 하다　211
9. see+목적어+동사　~가 ~하는 걸 보다　213
10. hear+목적어+동사　~가 ~하는 걸 듣다　215

UNIT 11   자주 쓰이는 생활 패턴   218

① Could you~? ~해줄래요?   219
② May I~? (제가) ~해도 되나요?   221
③ I'd like to~ (전) ~하고 싶어요   223
④ Would you like to~? ~하시겠어요?   225
⑤ I used to~ 난 ~하곤 했어   227
⑥ I'm used to+동사-ing 난 ~에 익숙해   229
⑦ I was about to~ (나) 막 ~하려고 했어   231
⑧ Let me~ 내가 ~할게   233
⑨ It's too~ 그건 너무 ~해   235
⑩ There is~ ~가 있어   237
⑪ There aren't~ ~가 없어   239
⑫ Do you have something to~? ~할 것이 있나요?   241
⑬ I have nothing to~ ~할 것이 하나도 없어요   243
⑭ It's time to~ ~할 시간이야   245
⑮ Is it okay to~? (제가) ~해도 되나요?   247
⑯ I'm planning to~ ~하려고 계획 중이야   249
⑰ Thank you for~ ~(해줘서) 고마워요   251
⑱ Don't forget to~ ~하는 거 잊지 마   253
⑲ I was busy~ 나 ~하느라 바빴어   255
⑳ I don't feel like~ 나 ~할 기분이 아니야   257

복습하기 정답   260

알고 시작하세요!

나, 너, 우리, 그리고 그들

문장에서 주어는 행동을 하는 주체가 되는 인물입니다.
우리말로 '~은, 는, 이, 가'로 해석되어, 주어에 따라 '나는, 우리는, 그들이' 등으로 말할 수 있죠.

가장 기본이 되는 I (나), 상대방을 말할 때 쓰는 You (너, 당신),
나를 포함한 We (우리), 그리고 나를 포함하지 않는 They (그들)가 있습니다.

나와 너, 그리고 여러 명을 나타내는 우리와 그들은 문장을 만들 때 같은 형태를 사용하므로 하나로 묶었는데요, 나와 너, 그리고 복수 주어일 때는 동사의 변화가 일어나지 않습니다. 그건 뒤에서 자세히 설명할게요.

UNIT 01
패턴으로 동사 배우기

일반동사란?

동사는 크게 세 가지로 나뉘는데, 바로 be동사, 일반동사, 조동사입니다. 먼저 일반동사에 대해 알아볼게요.

일반동사는 쉽게 움직임을 나타내는 동사라고 생각하면 돼요. 가다(go), 먹다(eat), 자다(sleep) 등의 행동을 나타내는 동사가 바로 일반동사입니다. 물론 생각하다(think), 사랑하다(love)처럼 생각이나 감정을 나타내는 동사도 모두 일반동사에 포함되고요.

앞서 배운 나, 너, 그리고 복수가 주어일 경우에는 일반동사에 아무 변화가 일어나지 않습니다. 예를 들어 '나는 간다.'라고 말하고 싶으면 I go.라고 말하면 되는 거죠.

이처럼 일반동사를 주어 뒤에 붙여서 다양한 문장들을 만들 수 있는데요. 그러려면 최대한 많은 동사를 배워야겠죠?

그럼 지금부터 기본적인 패턴과 함께 다양한 동사를 공부해봅시다.

Section 1

긍정문으로 말하기

1

I like to _____.
[아이 라익 투]

난 ~하는 것을 좋아해

- **like** ~을 좋아하다
  [라이크]

- **like to** ~하는 것을 좋아하다
  [라이크 투: 라익 투]

read
[뤼드]

읽다

MP3 U01-01

I like to read~
[아이 라익 투 뤼드]
난 ~읽는 것을 좋아해

- **I like to read books.** [아이 라익 투 뤼드 북쓰]
  난 책 읽는 거 좋아해.

- **I like to read comic books.** [아이 라익 투 뤼드 코믹북쓰]
  난 만화책 읽는 거 좋아해.

- **I like to read magazines.** [아이 라익 투 뤼드 매거진쓰]
  난 잡지 읽는 거 좋아해.

I like to go to~
[아이 라익 투 고우 투]
난 ~에 가는 것을 좋아해

- **I like to go to the mall.** [아이 라익 투 고우 투 더몰]
  나 (쇼핑)몰에 가는 거 좋아해.

- **I like to go to the museum.** [아이 라익 투 고우 투 더뮤지엄]
  나 박물관에 가는 거 좋아해.

- **I like to go to the concert.** [아이 라익 투 고우 투 더콘썰트]
  나 콘서트에 가는 거 좋아해.

eat
[잇]
먹다

MP3 U01-03

I like to eat~
[아이 라익 투 잇]
난 ~먹는 것을 좋아해

- **I like to eat** pizza. [아이 라익 투 잇 핏자]
  나 피자 먹는 거 좋아해.

- **I like to eat** sushi. [아이 라익 투 잇 쑤시]
  나 스시 먹는 거 좋아해.

- **I like to eat** noodles. [아이 라익 투 잇 누들스]
  나 면(라면/국수 등) 먹는 거 좋아해.

2

I want to _____.
[아이 원투]

난 ~하는 것을 원해요
(~하고 싶어요)

- **want** ~을 원하다
  [원트]

- **want to** ~하는 것을 원하다
  [원트 투: 원투]

I want to drink~
[아이 원투 드링크]
나 ~ 마시고 싶어요

- **I want to drink** juice. [아이 원투 드링크 쥬쓰]
  나 쥬스 마시고 싶어요.

- **I want to drink** coffee. [아이 원투 드링크 커휘]
  나 커피 마시고 싶어요.

- **I want to drink** hot tea. [아이 원투 드링크 핫 티]
  나 뜨거운 차 마시고 싶어요.

buy [바이]
사다

MP3 U01-05

I want to buy~
[아이 원투 바이]
나 ~ 사고 싶어요

- **I want to buy** a book. [아이 원투 바이 어북]
  나 책 한 권 사고 싶어요.

- **I want to buy** a new bag. [아이 원투 바이 어뉴백]
  나 새 가방 사고 싶어요.

- **I want to buy** shoes. [아이 원투 바이 슈즈]
  나 신발 사고 싶어요.

I want to have~
[아이 원투 해브]
나 ~ 갖고 싶어요

- **I want to have** a child. [아이 원투 해브 어 촤일드]
  나 아이를 갖고 싶어요.

- **I want to have** my room. [아이 원투 해브 마이 룸]
  나 내 방 가지고 싶어요.

- **I want to have** dinner. [아이 원투 해브 디너]
  나 저녁 먹고 싶어요.

3

You need to
[유 니드 투]

_____.

넌 ~해야 할 필요가 있어
(~해야 해)

- **need** ~을 필요로 하다
  [니드]

- **need to**
  [니드 투]
  ~해야 할 필요가 있다

You need to stop~
[유 니드 투 스탑]
넌 ~을 멈춰야 해

- **You need to stop it.** [유 니드 투 스타핏]
  넌 그것을 멈춰야 해.

- **You need to stop eating.** [유 니드 투 스탑 이링]
  넌 먹는 것을 멈춰야 해.

- **You need to stop whining.** [유 니드 투 스탑 와이닝]
  넌 징징대는 걸 멈춰야 해.

You need to leave~
[유 니드 투 리브]
넌 떠나야 해

- **You need to leave** now. [유 니드 투 리브 나우]
  넌 지금 떠나야 해.

- **You need to leave** us. [유 니드 투 리브 어쓰]
  넌 우리를 떠나야 해.

- **You need to leave** right away. [유 니드 투 리브 롸잇어웨이]
  넌 바로 떠나야 해.

help 돕다

You need to help~
[유 니드 투 헬프]
넌 ~을 도와야 해

- **You need to help** him. [유 니드 투 헬프 힘]
  넌 그를 도와야 해.

- **You need to help** the poor. [유 니드 투 헬프 더 푸어]
  넌 가난한 사람들을 도와야 해.

- **You need to help** the kids. [유 니드 투 헬프 더 키즈]
  넌 그 아이들을 도와야 해.

복습하기

MP3 U01-10

해석을 보고 빈칸을 채워본 후 음원을 들으면서 큰 소리로 따라 해보세요.
정답은 책의 뒷부분에 있어요.

1. I like to _____ books.
나는 책 읽는 걸 좋아해.

2. I like _____ _____ to the museum.
나는 박물관에 가는 거 좋아해.

3. I _____ _____ _____ pizza.
나는 피자 먹는 거 좋아해.

4. I want to _____ coffee.
나 커피 마시고 싶어요.

5. I want _____ _____ a new bag.
나 새 가방 사고 싶어요.

6. I _____ _____ _____ my room.
나 내 방 가지고 싶어요.

7. You need to _____ whining.
넌 징징대는 걸 멈춰야 해.

8. You need _____ _____ now.
넌 지금 떠나야 해.

9. You _____ _____ _____ the kids.
넌 그 아이들을 도와야 해.

Section 2

부정문으로 말하기

부정문 만드는 방법!

앞서 배운 문장들은 모두 not이 들어가지 않은 긍정문이었습니다.
그럼 이제 not을 넣어 부정문 만드는 방법을 공부해 볼까요?

일반동사는 부정문을 만들 때 혼자의 힘으로는 불가능합니다.
그래서 do의 도움을 받는데요, 여기에 not을 붙인 do not[두 낫]으로 부정문을 만듭니다. 보통 줄여서 don't[돈트]라고 하죠.

그럼 예를 들어볼게요.

I like to dance. 나는 춤추는 걸 좋아해요.

I do not like to dance.
I don't like to dance. 나는 춤추는 걸 좋아하지 않아요.

이렇게 일반동사 앞에 do not이나 don't를 붙여 부정문을 만들 수 있어요.

주로 줄인 형태인 don't를 쓰고, do not은 좀 강한 느낌이 있어서 강조할 때 많이 쓰입니다.

1

I don't like to
[아이 돈 라익 투]

_____.

난 ~하는 거 안 좋아해

- **don't like** ~을 좋아하지 않다
  [돈 라이크]

- **don't like to**
  [돈 라이크 투: 돈 라익 투]
  ~하는 것을 좋아하지 않다

sing
노래 부르다
[씽]

MP3 U01-11

I don't like to sing~
[아이 돈 라익 투 씽]
난 ~노래 부르는 거 안 좋아해

- **I don't like to sing** songs. [아이 돈 라익 투 씽 쏭스]
  난 노래 부르는 거 안 좋아해.

- **I don't like to sing** along. [아이 돈 라익 투 씽 얼롱]
  난 따라 부르는 거 안 좋아해.

- **I don't like to sing** with him. [아이 돈 라익 투 씽 위드힘]
  난 그와 노래 부르는 거 안 좋아해.

do [두]
하다

MP3 U01-12

I don't like to do~
[아이 돈 라익 투 두]
난 ~ 하는 거 안 좋아해

- **I don't like to do** the dishes. [아이 돈 라익 투 두 더 디쉬스]
  난 설거지하는 거 안 좋아해.

- **I don't like to do** the laundry. [아이 돈 라익 투 두 더 런드뤼]
  난 빨래하는 거 안 좋아해.

- **I don't like to do** the homework.
  [아이 돈 라익 투 두 더 홈월크]
  난 숙제하는 거 안 좋아해.

walk 걷다

I don't like to walk~
[아이 돈 라익 투 워크]
난 ~걷는 거 안 좋아해

- **I don't like to walk** at night. [아이 돈 라익 투 워크 앳나잇]
  난 밤에 걷는 거 안 좋아해.

- **I don't like to walk** the dog. [아이 돈 라익 투 워크 더독]
  난 개 산책시키는 거 안 좋아해.

- **I don't like to walk** in the woods.
  [아이 돈 라익 투 워크 인더 우즈]
  난 숲에서 걷는 거 안 좋아해.

2

You don't need to
[유 돈 니드 투]

_____.

넌 ~할 필요 없어

- **don't need** ~가 필요 없다
  [돈 니드]

- **don't need to** ~할 필요 없다
  [돈 니드 투]

You don't need to answer~
[유 돈 니드 투 앤썰]
넌 대답할 필요 없어

- **You don't need to answer** the door.
  [유 돈 니드 투 앤썰 더 도어]
  넌 (현관) 문 열어 줄 필요 없어.

- **You don't need to answer** the phone.
  [유 돈 니드 투 앤썰 더 폰]
  넌 전화 받을 필요 없어.

- **You don't need to answer** my question.
  [유 돈 니드 투 앤썰 마이 퀘스쳔]
  넌 내 질문에 답할 필요 없어.

You don't need to tell~
[유 돈 니드 투 텔]
넌 말할 필요 없어

- ✓ **You don't need to tell** me. [유 돈 니드 투 텔미]
  넌 나한테 말할 필요 없어.

- ✓ **You don't need to tell** me a lie. [유 돈 니드 투 텔미 어라이]
  넌 나한테 거짓말 할 필요 없어.

- ✓ **You don't need to tell** him everything.
  [유 돈 니드 투 텔힘 에브리띵]
  넌 그에게 모든 걸 말할 필요 없어.

run 달리다

You don't need to run~
[유 돈 니 드 투 뤈]
넌 ~달릴 필요 없어

- **You don't need to run** fast. [유 돈 니 드 투 뤈 풰스트]
  넌 빨리 달릴 필요 없어.

- **You don't need to run** to school.
  [유 돈 니 드 투 뤈 투 스쿨]
  넌 학교에 달려갈 필요 없어.

- **You don't need to run** with them.
  [유 돈 니 드 투 뤈 위드 뎀]
  넌 그들과 함께 달릴 필요 없어.

3

We don't want to
[위 돈 원투]

_____.

우리는 ~하고 싶지 않아요

- **don't want** ~을 원하지 않다
  [돈 원트]

- **don't want to**
  [돈 원투]
  ~하는 것을 원하지 않다

study [스터디]
공부하다

We don't want to study~
[위 돈 원투 스터디]
우리는 공부하고 싶지 않아요

- **We don't want to study** now. [위 돈 원투 스터디 나우]
  우리는 지금 공부하고 싶지 않아요.

- **We don't want to study** math. [위 돈 원투 스터디 매쓰]
  우리는 수학을 공부하고 싶지 않아요.

- **We don't want to study** there. [위 돈 원투 스터디 데얼]
  우리는 거기서 공부하고 싶지 않아요.

We don't want to sleep~
[위 돈 원투 슬립]
우리는 자고 싶지 않아요

- **We don't want to sleep** on the couch.
  [위 돈 원투 슬립 온더 카우치]
  우리는 소파에서 자고 싶지 않아요.

- **We don't want to sleep** outside.
  [위 돈 원투 슬립 아웃싸이드]
  우리는 밖에서 자고 싶지 않아요.

- **We don't want to sleep** tonight. [위 돈 원투 슬립 투나잇]
  우리는 오늘 밤 자고 싶지 않아요.

We don't want to miss~
[위 돈 원투 미쓰]
우리는 놓치고 싶지 않아요

✅ **We don't want to miss the bus.** [위 돈 원투 미쓰 더 버쓰]
우리는 버스를 놓치고 싶지 않아요.

✅ **We don't want to miss the first class.**
[위 돈 원투 미쓰 더 펄스트클래스]
우리는 1교시를 놓치고 싶지 않아요.

✅ **We don't want to miss the game.**
[위 돈 원투 미쓰 더 게임]
우리는 그 경기를 놓치고 싶지 않아요.

복습하기

해석을 보고 빈칸을 채워본 후 음원을 들으면서 큰 소리로 따라 해보세요.
정답은 책의 뒷부분에 있어요.

1. I don't _____ _____ sing songs.
   난 노래 부르는 거 안 좋아해.

2. I _____ _____ _____ do the homework.
   난 숙제하는 거 안 좋아해.

3. I don't like _____ _____ the dog.
   난 개 산책시키는 거 안 좋아해.

4. You _____ _____ to answer the phone.
   넌 전화 받을 필요 없어.

5. You don't need _____ _____ me a lie.
   넌 나한테 거짓말할 필요 없어.

6. You _____ _____ _____ _____ to school.
   넌 학교에 달려갈 필요 없어.

7. _____ _____ want to study now.
   우리는 지금 공부하고 싶지 않아요.

8. We don't _____ _____ sleep outside.
   우리는 밖에서 자고 싶지 않아요.

9. We _____ _____ _____ _____ the bus.
   우리는 버스를 놓치고 싶지 않아요.

Section 3

의문문으로 말하기

의문문 만드는 방법!

일반동사는 부정문을 만들 때 do를 써서 만든다고 배웠죠? 의문문도 마찬가지로 do의 도움이 필요합니다.

문장 앞에 Do를 넣어서 의문문을 만들 수 있죠.

예를 들어, They need shoes. '그들은 신발이 필요해.'라는 문장을 의문문으로 만들고 싶다면 앞에 Do를 넣어 Do they need shoes? '그들은 신발이 필요하니?'라고 말할 수 있습니다.

긍정문 앞에 Do만 붙이면 되니까 너무 간단하죠?

3인칭 단수가 주어일 때는 Does가 필요하지만, 그건 다음에 배우기로 하고요, 지금은 1, 2인칭, 복수주어를 활용하는 문장들이니 간단하게 Do로 의문문을 만들어 보세요.

1

Do you like to
[두유 라익 투]

_____?

너 ~하는 거 좋아해?

- **like** ~을 좋아하다
  [라이크]

- **like to** ~하는 것을 좋아하다
  [라익 투]

play 놀다, (게임, 운동을) 하다
[플레이]

MP3 U01-21

Do you like to play~?
[두유 라익 투 플레이]
너 노는 거 좋아해?

- **Do you like to play games?** [두유 라익 투 플레이 게임스]
  너 게임 하는 거 좋아해?

- **Do you like to play basketball?**
  [두유 라익 투 플레이 배스킷볼]
  너 농구 하는 거 좋아해?

- **Do you like to play soccer?** [두유 라익 투 플레이 싸커]
  너 축구 하는 거 좋아해?

Do you like to watch~?
[두유 라익 투 워치]
너 보는 거 좋아해?

- **Do you like to watch** movies? [두유 라익 투 워치 무비스]
  너 영화 보는 거 좋아해?

- **Do you like to watch** TV? [두유 라익 투 워치 티비]
  너 TV 보는 거 좋아해?

- **Do you like to watch** cartoons?
  [두유 라익 투 워치 칼툰스]
  너 만화 보는 거 좋아해?

Do you like to live in~?
[두유 라익 투 리브인]

너 ~에 사는 거 좋아?

- **Do you like to live in Seoul?** [두유 라익 투 리브인 서울]
  너 서울에 사는 거 좋아?

- **Do you like to live in grandma's?**
  [두유 라익 투 리브인 그랜마즈]
  너 할머니 댁에서 사는 거 좋아?

- **Do you like to live in Japan?** [두유 라익 투 리브인 재팬]
  너 일본에서 사는 거 좋아?

2

Do they want to
[두 데이 원투]

_____?

그들은 ~하기를 원해?
(~하고 싶어해?)

- **want** ~을 원하다
  [원트]

- **want to** ~하는 것을 원하다
  [원투]

Do they want to come~?
[두 데이 원투 컴]
그들은 오고 싶어해?

✓ **Do they want to come here?** [두 데이 원투 컴 히얼]
그들은 여기 오고 싶어해?

✓ **Do they want to come to my house?**
[두 데이 원투 컴투 마이하우스]
그들은 우리 집에 오고 싶어해?

✓ **Do they want to come to Korea?**
[두 데이 원투 컴투 코리아]
그들은 한국에 오고 싶어해?

Do they want to take~?
[두 데이 원투 테이크]
그들은 가져가고 싶어해?

- **Do they want to take** this? [두 데이 원투 테이크 디쓰]
  그들은 이걸 가져가고 싶어해?

- **Do they want to take** him? [두 데이 원투 테이크 힘]
  그들은 그를 데려가고 싶어해?

- **Do they want to take** the dog?
  [두 데이 원투 테이크 더 독]
  그들은 그 개를 데려가고 싶어해?

Do they want to stay~?
[두 데이 원투 스테이]
그들은 머무르고 싶어해?

- **Do they want to stay** longer? [두 데이 원투 스테이 롱거]
  그들은 더 (오래) 머무르고 싶어해?

- **Do they want to stay** with me?
  [두 데이 원투 스테이 위드미]
  그들은 나와 함께 머무르고 싶어해?

- **Do they want to stay** at a hotel?
  [두 데이 원투 스테이 애러 호텔]
  그들은 호텔에 머무르고 싶어해?

3

Do we have to
[두위 해브 투]

_____?

우리 (꼭) ~ 해야 해?

- **have to** ~을 (꼭) 해야 하다
  [해브 투]

* 부정일 경우에는 뜻이 달라집니다!
  don't have to ~을 할 필요가 없다
  (= **don't need to**)

Do we have to call~?
[두위 해브 투 콜]
우리 전화해야 해?

- **Do we have to call them?** [두위 해브 투 콜뎀]
  우리 그들에게 전화해야 해?

- **Do we have to call 119?** [두위 해브 투 콜 원원나인]
  우리 119에 전화해야 해?

- **Do we have to call him back?** [두위 해브 투 콜힘백]
  우리 그에게 다시 전화해야 해?

wear [웨얼]
입다
MP3 U01-28

Do we have to wear~?
[두위 해브 투 웨얼]
우리 ~입어야 해?

✓ **Do we have to wear** school uniforms?
[두위 해브 투 웨얼 스쿨유니폼스]
우리 교복 입어야 해?

✓ **Do we have to wear** socks? [두위 해브 투 웨얼 싹쓰]
우리 양말 신어야 해?

✓ **Do we have to wear** swimsuits?
[두위 해브 투 웨얼 스윔수츠]
우리 수영복 입어야 해?

Do we have to write~?
[두위 해브 투 롸잇]
우리 ~써야 해?

- **Do we have to write** a letter? [두위 해브 투 롸잇 어 레러]
  우리 편지 써야 해?

- **Do we have to write** in English?
  [두위 해브 투 롸잇 인 잉글리씨]
  우리 영어로 써야 해?

- **Do we have to write** it down? [두위 해브 투 롸잇 잇 다운]
  우리 그거 받아 적어야 해?

복습하기

MP3 U01-30

해석을 보고 빈칸을 채워본 후 음원을 들으면서 큰 소리로 따라 해보세요.
정답은 책의 뒷부분에 있어요.

1. _____ you like to play games?
   너 게임하는 거 좋아하니?

2. _____ you _____ _____ watch TV?
   너 TV 보는 거 좋아하니?

3. Do you _____ _____ _____ in grandma's?
   너 할머니 댁에서 사는 거 좋아하니?

4. _____ _____ want to come to Korea?
   그들은 한국에 오고 싶어해?

5. Do they _____ _____ take him?
   그들은 그를 데려가고 싶어해?

6. _____ _____ _____ to stay with me?
   그들은 나와 머무르고 싶어해?

7. Do we _____ _____ him back?
   우리 그에게 다시 전화해야 해?

8. _____ _____ have to _____ swimsuits?
   우리 수영복 입어야 해?

9. Do we _____ _____ in English?
   우리 영어로 써야 해?

56   나도 영어공부 시작할래!

UNIT 02
be동사와 형용사 배우기

앞에서 다양한 패턴을 통해 많은 일반동사를 배워봤죠?
이번엔 be동사와 함께 형용사를 배워볼게요.

be동사는 '~이다, ~있다'라는 뜻을 가진 동사로,
주어에 따라 am, is, are로 나뉩니다.

주어가 1인칭, 즉 '나'일 때는 am을 쓰고,
2인칭인 '너', 그리고 '우리, 그들' 등의 복수일 때는 are를,
'그, 그녀' 등과 같은 3인칭 단수일 때는 is를 쓰죠.

예를 들어, '나는 마이크입니다.'라는 문장은 I am Mike.
'당신은 마이크입니다.'는 You are Mike.
'그는 마이크입니다.'는 He is Mike.가 되는 거죠.

형용사는 명사를 꾸며주거나 주어를 설명해주는 말로,
우리말의 '예쁜, 착한, 멋진' 등과 같이 주로 ㄴ받침의 단어들입니다.

You are handsome.
너는 이다   잘생긴 ⇨ 너는 잘생겼다.

1

They are _____.
[데이야]
그들은 ~다

- **They're _____.로**
  [데알]
  줄여서 말할 수 있습니다.

kind
착한, 친절한
[카인드]

MP3 U02-01

They are kind.
[데이아 카인드]
그들은 착해/친절해.

- **They are kind** to me. [데이아 카인드 투미]
  그들은 나에게 친절해.

- **They are kind** to my brother. [데이아 카인드 투 마이 브라덜]
  그들은 내 남동생에게 친절해.

- **They are kind** to everyone. [데이아 카인드 투 에브리원]
  그들은 모두에게 친절해.

busy
바쁜 [비지]

They are busy.
[데이아 비지]
그들은 바빠.

- **They are busy** with their work. [데이아 비지 위드 데얼 월크]
  그들은 일 때문에 바빠.

- **They're busy** cleaning the house.
  [데알 비지 클리닝 더 하우스]
  그들은 집 청소하느라 바빠.

- **They're busy** all the time. [데알 비지 올더타임]
  그들은 항상 바빠.

They are popular.
[데이아 파퓰러]
그들은 인기 있어.

- **They are popular** in my school.
  [데이아 파퓰러 인 마이 스쿨]
  그들은 우리 학교에서 인기가 있어.

- **They're popular** with the girls. [데알 파퓰러 윗더 걸스]
  그들은 여자들한테 인기가 있어.

- **They're popular** in the USA. [데알 파퓰러 인더 유에쓰에이]
  그들은 미국에서 인기가 있어.

2

We are not
[위아 낫]

_____.

우리는 ~ (하지) 않아

- **We're not _____.** 또는
  [위아 낫]

  We aren't _____. 로
  [위 안트]

  줄여서 말할 수 있습니다.

We are not hungry.
[위아 낫 헝그뤼]
우리는 배고프지 않아.

- **We are not hungry** at all. [위아 낫 헝그뤼 애롤]
  우리는 전혀 배고프지 않아.

- **We're not hungry** now. [위아 낫 헝그뤼 나우]
  우리는 지금 배고프지 않아.

- **We're not hungry** anymore. [위아 낫 헝그뤼 애니모얼]
  우리는 더 이상 배고프지 않아.

mad
[매드]
화난

MP3 U02-05

We are not mad.
[위아 낫 매드]
우리는 화나지 않았어.

- **We are not mad** at you. [위아 낫 매드 앳유]
  우리는 너한테 화나지 않았어.

- **We're not mad** at both of you. [위아 낫 매드앳 보쓰오브유]
  우리는 너희 둘한테 화나지 않았어.

- **We're not mad** at all. [위아 낫 매드 애롤]
  우리는 전혀 화나지 않았어.

happy
행복한, 만족스러운
[해피]

MP3 U02-06

We are not happy.
[위아 낫 해피]
우리는 행복하지 않아.

- **We are not happy** without you. [위아 낫 해피 위드아웃 유]
  우리는 너 없이 행복하지 않아.

- **We're not happy** about it. [위아 낫 해피 어바우릿]
  우리는 그 일이 만족스럽지 않아.

- **We're not happy** with your service.
  [위아 낫 해피 위드 유어 썰비쓰]
  우리는 당신의 서비스가 만족스럽지 않아요.

3

Are you
[아유]

_____?

너 ~하니?

- you는 '너'뿐 아니라 '너희들'이란 복수로도 쓰여서 Are you~?는 '너희들 ~하니?'란 뜻으로도 해석될 수 있습니다.

Are you sad?
[아유 쌔드]
너 슬프니?

- **Are you sad** now? [아유 쌔드 나우]
  너 지금 슬프니?

- **Are you sad** because of me? [아유 쌔드 비커즈오브 미]
  너희들 나 때문에 슬프니?

- **Are you sad** or happy? [아유 쌔드 오얼 해피]
  너 지금 슬프니, 아니면 행복하니?

afraid
두려운, 무서워하는
[어프뤠이드]

MP3 U02-08

Are you afraid?
[아유 어프뤠이드]
너 두렵니?

- **Are you afraid** of me? [아유 어프뤠이드 오브 미]
  너희들 내가 무섭니?

- **Are you afraid** right now? [아유 어프뤠이드 롸잇나우]
  너 지금 두렵니?

- **Are you afraid** of spiders? [아유 어프뤠이드 오브 스파이덜스]
  너 거미 무서워하니?

worried
걱정하는
[워뤼드] MP3 U02-09

Are you worried?
[아유 워뤼드]
너 걱정되니?

- **Are you worried** about him? [아유 워뤼드 어바웃 힘]
  너희들 그가 걱정되니?

- **Are you worried** about the test?
  [아유 워뤼드 어바웃 더 테스트]
  너 시험이 걱정되니?

- **Are you worried** about the future?
  [아유 워뤼드 어바웃 더 퓨철]
  너 미래가 걱정되니?

4

I'm very
[아임 베리]

_____.

나는 정말 ~해

- very는 '정말, 매우' 등의 뜻으로, 형용사를 강조할 때 쓸 수 있는 부사입니다.
  very 대신 really로 바꿔 써도 괜찮습니다.

proud
[프라우드]
자랑스러운

I'm very proud.
[아임 베리 프라우드]
나는 정말 자랑스러워.

✅ **I'm very proud** of you. [아임 베리 프라우드 오브유]
나는 네가 정말 자랑스러워.

✅ **I'm very proud** of myself. [아임 베리 프라우드 오브 마이셀프]
나는 내 자신이 자랑스러워.

✅ **I'm very proud** of you guys. [아임 베리 프라우드 오브 유가이스]
나는 너희들이 정말 자랑스러워.

disappointed
실망한
[디써포인티드]
MP3 U02-11

I'm very disappointed.
[아임 베리 디써포인티드]
나는 정말 실망했어.

- **I'm very disappointed** in you. [아임 베리 디써포인티드 인유]
  나는 정말 너한테 실망했어.

- **I'm very disappointed** in the result.
  [아임 베리 디써포인티드 인더 뤼절트]
  나는 정말 결과에 실망했어.

- **I'm very disappointed** in myself.
  [아임 베리 디써포인티드 인 마이셀프]
  나는 정말 나 자신에게 실망했어.

satisfied
[쌔리스퐈이드]
만족하는
MP3 U02-12

I'm really satisfied.
[아임 뤼얼리 쌔리스퐈이드]
나는 정말 만족스러워.

- **I'm really satisfied with my job.**
  [아임 뤼얼리 쌔리스퐈이드 위드 마이잡]
  나는 정말 내 직업이 만족스러워.

- **I'm really satisfied with my life.**
  [아임 뤼얼리 쌔리스퐈이드 위드 마이라이프]
  나는 정말 내 삶에 만족해.

- **I'm really satisfied with my grade.**
  [아임 뤼얼리 쌔리스퐈이드 위드 마이 그뤠이드]
  나는 정말 내 성적에 만족해.

5

I feel _____.
[아이 퓔]
나 ~해

- be동사 뒤에 형용사를 써서
  감정을 나타낼 수도 있지만,
  feel 동사와 함께 쓸 수도 있습니다.

sorry [쏘뤼]
미안한, 유감스러운

MP3 U02-13

I feel sorry.
[아이 필 쏘뤼]
유감이야/안됐다.

- ✓ **I feel sorry** for you. [아이 필 쏘뤼 포 유]
  유감이야. 안됐다.

- ✓ **I feel sorry** for him. [아이 필 쏘뤼 포 힘]
  그가 안됐어.

- ✓ **I feel sorry** for that girl. [아이 필 쏘뤼 포 댓걸]
  저 여자애 너무 안됐어.

lucky [럭키]
행운인, 운이 좋은

MP3 U02-14

I feel lucky.
[아이 필 럭키]
나 운이 좋은 것 같아.

✓ **I feel lucky** lately. [아이 필 럭키 레이틀리]
나 최근에 운이 좋은 것 같아.

✓ **I feel lucky** to run into you. [아이 필 럭키 투 뤈 인투유]
너를 우연히 만나다니 행운이야.

✓ **I feel lucky** to be alive. [아이 필 럭키 투비 얼라이브]
나 살아있다니 행운이야.

lonely [론리]
외로운

MP3 U02-15

I feel lonely.
[아이 필 론리]
나 외로워.

- **I feel lonely** these days. [아이 필 론리 디이즈 데이스]
  나 요즘 외로워.

- **I feel lonely** without you. [아이 필 론리 위드아웃유]
  네가 없으니까 외로워.

- **I feel lonely** for no reason. [아이 필 론리 풔 노뤼즌]
  나 아무 이유 없이 외로워.

Unit 2. be동사와 형용사 배우기

6

You look _____.
[유 룩]
너 ~해 보여

- look은 '보다'라는 뜻이 있지만, '~처럼 보이다'라는 뜻으로 쓰이기도 하며, 뒤에 형용사를 넣어 문장을 만들 수 있습니다.

great 멋진
[그뤠잇]

MP3 U02-16

You look great.
[율룩 그뤠잇]
너 멋져 보여.

- ✓ **You look great** tonight. [율룩 그뤠잇 투나잇]
  너 오늘 밤 멋져 보여.

- ✓ **You look great** in that dress. [율룩 그뤠잇 인댓 드뤠쓰]
  너 그 드레스 입고 있으니 멋져 보여.

- ✓ **You look great** in black. [율룩 그뤠잇 인 블랙]
  너 검정색 입으면 멋져 보여.

cute 쿳
귀여운

You look cute.
[율룩 쿳]
너 귀여워 보여.

- **You look cute** today. [율룩 쿳 투데이]
  너 오늘 귀여워 보여.

- **You look cute** with that hair. [율룩 쿳 위드 댓 헤얼]
  너 그 머리하니까 귀여워 보여.

- **You look cute** together. [율룩 쿳 투게덜]
  너희들 같이 있으니까 너무 귀엽다.

tired
[타이얼드]
피곤한

MP3 U02-18

You look tired.
[율룩 타이얼드]
너 피곤해 보여.

- **You look** so **tired.** [율룩 쏘 타이얼드]
  너 엄청 피곤해 보여.

- **You look tired** now. [율룩 타이얼드 나우]
  너 지금 피곤해 보여.

- **You look tired** and sleepy. [율룩 타이얼드 앤 슬리피]
  너 피곤하고 졸려 보여.

복습하기

해석을 보고 빈칸을 채워본 후 음원을 들으면서 큰 소리로 따라 해보세요.
정답은 책의 뒷부분에 있어요.

1. _____ _____ kind to me.
그들은 나에게 친절해.

2. They _____ _____ all the time.
그들은 항상 바빠.

3. They are _____ _____ the girls.
그들은 여자들에게 인기가 있어.

4. _____ _____ hungry at all.
우리는 전혀 배가 고프지 않아.

5. We're _____ _____ at both of you.
우리는 너희 둘한테 화나지 않았어.

6. We _____ _____ _____ without you.
우리는 당신 없이 행복하지 않아요.

7. _____ _____ sad because of me?
너희들 나 때문에 슬프니?

8. Are you _____ _____ spiders?
너 거미 무서워하니?

9. _____ _____ _____ about the test?
너 시험이 걱정되니?

10. _____ _____ proud of you.
나는 네가 정말 자랑스러워.

11. I'm very _____ _____ you.
나는 너한테 정말 실망했어.

12. I'm really _____ _____ my grade.
나는 정말 내 성적에 만족해.

13. _____ sorry for that girl.
저 여자애 정말 안됐다.

14. I _____ _____ to be alive.
나 살아있다니 행운이야.

15. _____ _____ these days.
나 요즘 외로워.

16. _____ _____ great tonight.
너 오늘밤 멋져 보여.

17. You _____ _____ together.
너희들 같이 있으니까 너무 귀엽다.

18. _____ _____ _____ and sleepy.
너 피곤하고 졸려 보여.

알고 시작하세요!

그, 그녀, 그리고 그것

앞에서 나, 너, 우리, 그리고 그들을 주어로 사용한 문장들을 배웠죠.
이번엔 그와 그녀, 그리고 그것과 같은 3인칭 주어로 문장 만드는 연습을 해볼게요.

1인칭인 나, 2인칭인 너를 제외한 나머지 사람들은 모두 3인칭인데요, 주어가 3인칭 단수, 즉 한 사람이나, 하나의 물건일 때는 동사에 변화가 생깁니다.

그동안은 주어와 일반동사를 아무 변화 없이 순서대로 나열했지만, 이젠 일반동사에 -s나 -es를 붙여서 문장을 만들어야 합니다.

I love you. 나는 너를 사랑해.
She loves you. 그녀는 너를 사랑해.

주어가 3인칭 단수인 그녀로 바뀌니 동사에 s가 붙었죠?
이렇게 간단하게 s를 붙이면 되는 것도 있지만, study → studies와 같이 y를 i로 고치고 -es를 붙여야 하는 경우도 있습니다. 자세한 것은 표로 정리할게요.

대부분의 동사	동사원형 + s	like → likes
sh, ch, s, o, x로 끝나는 동사	동사원형 + es	watch → watches go → goes
자음 + y로 끝나는 동사	y를 i로 고치고 es	cry → cries
불규칙 동사	have → has	

UNIT 03
패턴으로 명사 배우기

명사란?

사람, 물건, 장소 등과 같이 정해져 있는 이름을 명사라고 하는데요, man(남자), teacher(교사), book(책), park(공원) 등의 단어가 이에 해당합니다.
물론 눈에 보이지 않는 추상적인 것들, love(사랑), justice(정의)와 같은 단어들도 명사에 포함되고요.

명사를 사용할 때 주의할 점은 a, an, the와 같은 관사를 함께 써야 한다는 것입니다. 복수일 때는 명사 뒤에 -s나 -es를 붙여줘야 하고요.

I have a book. 난 책이 한 권 있어.
The book is blue. 그 책은 파란색이야.
* 앞서 말한 명사나 이미 알고 있는 명사를 이야기할 때는 the를 사용합니다.
I have two books. 난 책이 두 권 있어.

물론 water(물), juice(주스), hair(머리카락) 등과 같은 셀 수 없는 명사일 때는 a나 an이 필요 없습니다.

I need water. 나는 물이 필요해.
She wants to drink juice. 그녀는 주스를 마시고 싶어해.

그럼 3인칭 단수를 주어로 한 다양한 패턴과 함께 많은 명사도 배워볼까요?

Section 1

긍정문으로 말하기

1

He loves _____.
[히 러브즈]

그는 ~를 (엄청) 좋아해(사랑해)

- love는 '사랑한다'는 뜻으로도 쓰이지만 무언가를 '많이 좋아한다'는 뜻으로도 사용됩니다.

soccer
축구

[싸커]

He loves soccer.
[히 러브스 싸커]
그는 축구를 좋아해.

- **He loves soccer games.** [히 러브스 싸커 게임스]
  그는 축구 게임을(경기를) 좋아해.

- **He loves soccer balls.** [히 러브스 싸커 볼스]
  그는 축구공을 좋아해.

- **He loves his soccer coach.** [히 러브스 히스 싸커 코치]
  그는 그의 축구 감독을 좋아해.

music 뮤직
음악

MP3 U03-02

He loves music.
[히 러브스 뮤직]
그는 음악을 좋아해.

- **He loves** jazz **music**. [히 러브스 재즈 뮤직]
  그는 재즈 음악을 좋아해.

- **He loves** classical **music**. [히 러브스 클래시컬 뮤직]
  그는 클래식 음악을 좋아해.

- **He loves music** and dancing. [히 러브스 뮤직앤 댄싱]
  그는 음악과 춤을 좋아해.

children 아이들

He loves children.
[히 러브스 칠드런]
그는 아이들을 좋아해.

- **He loves** his **children**. [히 러브스 히스 칠드런]
  그는 그의 아이들(자식들)을 좋아해.

- **He loves** all the **children**. [히 러브스 올더 칠드런]
  그는 모든 아이들을 좋아해.

- **He loves** my **children** a lot. [히 러브스 마이 칠드런 얼랏]
  그는 내 아이들을 엄청 좋아해.

2

She needs
[쉬 니즈]

_____.

그녀는 ~가 필요해

- 앞에서 need to 뒤에 일반동사를 넣어 문장을 만들었지만, 이번엔 need 뒤에 명사를 넣어 문장을 만들어 볼게요.

shoes [슈즈]
신발

MP3 U03-04

She needs shoes.
[쉬 니즈 슈즈]
그녀는 신발이 필요해.

- **She needs** new **shoes**. [쉬 니즈 뉴 슈즈]
  그녀는 새 신발이 필요해.

- **She needs shoes** for school. [쉬 니즈 슈즈 포 스쿨]
  그녀는 학교에 신고 갈 신발이 필요해.

- **She needs** running **shoes**. [쉬 니즈 뤄닝슈즈]
  그녀는 러닝슈즈(운동화)가 필요해.

She needs love.
[쉬 니즈 러브]
그녀는 사랑이 필요해.

- **She needs** your **love.** [쉬 니즈 유얼 러브]
  그녀는 당신의 사랑이 필요해.

- **She needs love** from mother. [쉬 니즈 러브 프럼 마덜]
  그녀는 엄마의 사랑이 필요해.

- **She needs love** and affection. [쉬 니즈 러브 앤 어픽션]
  그녀는 사랑과 애정이 필요해.

discipline [디써플린]
훈계
MP3 U03-06

She needs discipline.
[쉬 니즈 디써플린]
그녀는 훈계가 필요해.

- **She needs** some **discipline**. [쉬 니즈 썸 디써플린]
  그녀는 훈계가 좀 필요해.

- **She needs discipline** sometimes.
  [쉬 니즈 디써플린 썸타임즈]
  그녀는 가끔 훈계가 필요해.

- **She needs discipline,** not affection.
  [쉬 니즈 디써플린, 낫 어쩩션]
  그녀는 애정이 아니라 훈계가 필요해.

3

It has _____.
[잇 해즈]
그것은 ~를 가지고 있어

- 동사 have는 다른 동사들과 달리
  주어가 3인칭 단수일 때
  haves가 아닌
  has로 바꿔 씁니다.

It has wings.
[잇 해즈 윙스]
그것은 날개를 가지고 있어.

- **It has** four **wings.** [잇 해즈 포 윙스]
  그것은 날개를 4개 가지고 있어.

- **It has** strange **wings.** [잇 해즈 스트뤠인지 윙스]
  그것은 이상한 날개를 가지고 있어.

- **It has** only one **wing.** [잇 해즈 온리 원 윙]
  그것은 오직 한 개의 날개만 가지고 있어.

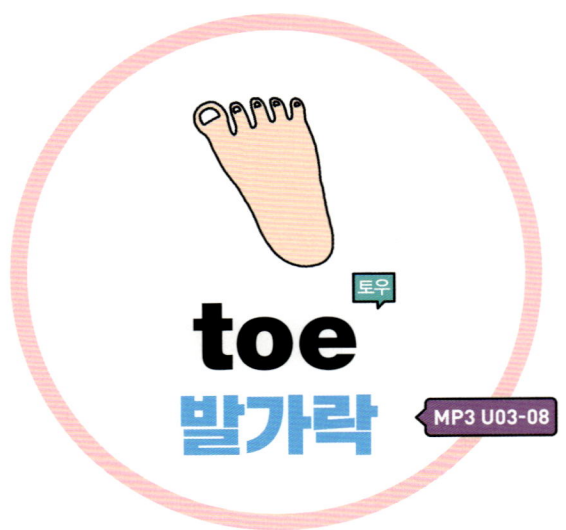

toe [토우]
발가락

MP3 U03-08

It has toes.
[잇 해즈 토우즈]
그것은 발가락을 가지고 있어.

- **It has** five **toes**. [잇 해즈 퐈이브 토우즈]
  그것은 발가락 5개를 가지고 있어.

- **It has** one foot and ten **toes**. [잇 해즈 원풋 앤 텐 토우즈]
  그것은 발 하나, 발가락 10개를 가지고 있어.

- **It has** one big **toe**. [잇 해즈 원 빅 토우]
  그것은 큰 발가락 한 개를 가지고 있어.

nose
코

[노우즈]

MP3 U03-09

It has a nose.
[잇 해즈 어 노우즈]
그것은 코를 가지고 있어.

- **It has one** ugly **nose**. [잇 해즈 원 어글리 노우즈]
  그것은 못생긴 코를 하나 가지고 있어.

- **It has a nose** between eyes.
  [잇 해즈 어 노우즈 비트윈 아이즈]
  그것은 눈 사이에 코를 가지고 있어.

- **It has a** sensitive **nose**. [잇 해즈 어 센서티브 노우즈]
  그것은 예민한 코를 가지고 있어.

복습하기

MP3 U03-10

해석을 보고 빈칸을 채워본 후 음원을 들으면서 큰 소리로 따라 해보세요.
정답은 책의 뒷부분에 있어요.

1. He _____ soccer balls.
그는 축구공을 좋아해.

2. He _____ classical _____.
그는 클래식 음악을 좋아해.

3. _____ _____ all the children.
그는 모든 아이들을 좋아해.

4. She _____ new shoes.
그녀는 새 신발이 필요해.

5. _____ _____ love from mother.
그녀는 엄마의 사랑이 필요해.

6. She _____ _____ sometimes.
그녀는 가끔 훈계가 필요해.

7. _____ _____ four wings.
그것은 날개를 4개 가지고 있어.

8. It _____ one big _____.
그것은 큰 발가락 한 개를 가지고 있어.

9. _____ _____ a sensitive _____.
그것은 예민한 코를 가지고 있어.

Section 2

부정문으로 말하기

부정문 만드는 방법!

1, 2인칭과 복수가 주어일 때 부정문 만드는 방법은 이미 배웠었죠? 일반동사는 do의 도움을 받아 do not 또는 줄여서 don't를 넣어 문장을 만들었던 것 모두 기억할 거예요.

3인칭 단수가 주어일 때는 조금 변화가 생기는데요, 일반동사에 -s나 -es를 붙였던 것처럼, do에도 -es를 붙여 does not, 혹은 줄여서 doesn't를 사용합니다.

She likes him. 그녀는 그를 좋아해.
She does not like him.
= She doesn't like him. 그녀는 그를 좋아하지 않아.

한 가지 또 다른 변화를 발견했나요?
does not이 오면서 like는 다시 원형으로 돌아왔습니다.
이미 do가 does로 바뀌었으니 like는 바꿀 필요가 없어진 거죠.
doesn't 뒤에는 항상 동사원형이 온다는 것 잊지 마세요!

He doesn't love
[히 더즌 러브]

_____.

그는 ~를 사랑하지 않아

- doesn't가 오면서 loves가 아닌 원형으로 돌아오는 것 꼭 기억하세요.

her
그녀, 그녀의
[헐]

MP3 U03-11

He doesn't love her.
[히 더즌 러브 헐]
그는 그녀를 사랑하지 않아.

- **He doesn't love her anymore.** [히 더즌 러브 헐 애니모어]
  그는 그녀를 더 이상 사랑하지 않아.

- **He doesn't love her cat.** [히 더즌 러브 헐 캣]
  그는 그녀의 고양이를 사랑하지 않아.

- **He doesn't love her kids.** [히 더즌 러브 헐 키즈]
  그는 그녀의 아이들을 사랑하지 않아.

parents
부모님

He doesn't love parents.
[히 더즌 러브 패어륀츠]
그는 부모님을 사랑하지 않아.

- **He doesn't love** his **parents**. [히 더즌 러브 히스 패어륀츠]
  그는 자신의 부모님을 사랑하지 않아.

- **He doesn't love** my **parents**. [히 더즌 러브 마이 패어륀츠]
  그는 우리 부모님을 사랑하지 않아.

- **He doesn't love** his **parents**' dog.
  [히 더즌 러브 히스 패어륀츠 독]
  그는 그의 부모님의 개를 사랑하지 않아.

animal [애니멀]
동물
MP3 U03-13

He doesn't love animals.
[히 더즌 러브 애니멀스]
그는 동물을 좋아하지 않아.

- **He doesn't love** any **animals**. [히 더즌 러브 애니 애니멀스]
  그는 어떤 동물도 좋아하지 않아.

- **He doesn't love** wild **animals**.
  [히 더즌 러브 와일드 애니멀스]
  그는 야생동물을 좋아하지 않아.

- **He doesn't love animals**, but I do.
  [히 더즌 러브 애니멀스, 벗 아이두]
  그는 동물을 좋아하지 않지만, 나는 좋아해.

She doesn't need
[쉬 더즌 니드]

_____.
그녀는 ~가 필요하지 않아

- doesn't가 오면서 needs가 아닌 원형으로 돌아오는 것 꼭 기억하세요.

She doesn't need help.
[쉬 더즌 니드 헬프]
그녀는 도움이 필요하지 않아.

- **She doesn't need your help.** [쉬 더즌 니드 유어 헬프]
  그녀는 너의 도움이 필요하지 않아.

- **She doesn't need anyone's help.**
  [쉬 더즌 니드 애니원스 헬프]
  그녀는 누구의 도움도 필요하지 않아.

- **She doesn't need help from her dad.**
  [쉬 더즌 니드 헬프 프럼 헐 대드]
  그녀는 그녀 아빠의 도움이 필요하지 않아.

She doesn't need money.
[쉬 더즌 니드 머니]
그녀는 돈이 필요하지 않아.

- **She doesn't need money** or help.
  [쉬 더즌 니드 머니 오어 헬프]
  그녀는 돈도 도움도 필요하지 않아.

- **She doesn't need** any more **money**.
  [쉬 더즌 니드 애니모얼 머니]
  그녀는 더 이상의 돈은 필요하지 않아.

- **She doesn't need** the rest of the **money**.
  [쉬 더즌 니드 더 뤠스토 오브 더 머니]
  그녀는 그 돈의 나머지는 필요하지 않아.

anything
어떤 것

She doesn't need anything.
[쉬 더즌 니드 애니띵]
그녀는 어떤 것도 필요하지 않아.

- **She doesn't need anything** from you.
  [쉬 더즌 니드 애니띵 프럼 유]
  그녀는 네게서 어떤 것도 필요하지 않아.

- **She doesn't need anything** else.
  [쉬 더즌 니드 애니띵 엘스]
  그녀는 다른 어떤 것도 필요하지 않아.

- **She doesn't need anything** right now.
  [쉬 더즌 니드 애니띵 롸잇 나우]
  그녀는 지금 어떤 것도 필요하지 않아.

It doesn't have
[잇 더즌 해브]

_____.

그것은 ~를 가지고 있지 않아 (~가 없어)

- doesn't가 오면서 has가 아닌 원형으로 돌아오는 것 꼭 기억하세요.

tail 〔테일〕
꼬리

MP3 U03-17

It doesn't have a tail.
[잇 더즌 해브 어 테일]
그것은 꼬리가 없어.

- ### It doesn't have a tail on its back.
  [잇 더즌 해브 어 테일 온 잇츠 백]
  그것은 등에 꼬리가 없어.

- ### It doesn't have any tails. [잇 더즌 해브 애니 테일스]
  그것은 꼬리가 아예 없어.

- ### It doesn't have a tail like others.
  [잇 더즌 해브 어 테일 라이크 아덜스]
  그것은 다른 것들처럼 꼬리가 있지 않아.

It doesn't have a window.
[잇 더즌 해브 어 윈도우]
그것은 창문이 없어.

- **It doesn't have windows.** [잇 더즌 해브 윈도우스]
  그것은 창문이 없어.

- **It doesn't have a window** or a door.
  [잇 더즌 해브 어 윈도우 오얼 어 도얼]
  그것은 창문도 문도 없어.

- **It doesn't have windows** inside.
  [잇 더즌 해브 윈도우스 인싸이드]
  그것은 안에 창문이 없어.

button
버튼, 단추

MP3 U03-19

It doesn't have a button.
[잇 더즌 해브 어 버튼]
그것은 버튼이 없어.

- **It doesn't have a power button.** [잇 더즌 해브 어 파워버튼]
  그것은 전원 버튼이 없어.

- **It doesn't have buttons.** [잇 더즌 해브 버튼스]
  그것은 단추가 없어.

- **It doesn't have a volume button.**
  [잇 더즌 해브 어 볼륨 버튼]
  그것은 음량 버튼이 없어.

복습하기

MP3 U03-20

해석을 보고 빈칸을 채워본 후 음원을 들으면서 큰 소리로 따라 해보세요.
정답은 책의 뒷부분에 있어요.

1. _____ _____ _____ her anymore.
그는 그녀를 더 이상 사랑하지 않아.

2. He _____ _____ _____ parents.
그는 우리 부모님을 사랑하지 않아.

3. He doesn't love _____ _____.
그는 야생동물을 사랑하지 않아.

4. She _____ _____ _____ help.
그녀는 너의 도움이 필요하지 않아.

5. She doesn't need _____ _____ _____.
그녀는 돈도 도움도 필요하지 않아.

6. She doesn't _____ _____ _____.
그녀는 다른 어떤 것도 필요하지 않아.

7. It doesn't have _____ _____ _____.
그것은 다른 것들처럼 꼬리가 있지 않아.

8. It doesn't have _____ _____.
그것은 안에 창문이 없어.

9. It doesn't _____ _____ _____ _____.
그것은 음량 버튼이 없어.

Section 3

의문문으로 말하기

의문문 만드는 방법!

주어가 3인칭 단수일 때 부정문 만드는 법은 이제 모두 배웠죠?
이번엔 의문문 만드는 방법을 배워 볼게요.
부정문과 마찬가지로 does의 도움을 받아 만들어야 합니다.

1, 2인칭, 그리고 복수가 주어일 때 Do로 시작했던 것 기억나세요?
이번엔 Does를 맨 앞에 놓고 문장을 만들면 돼요.

예를 들어,
He hates me. '그는 나를 싫어해.' 문장을 의문문으로 바꾼다면,
Does he hate me? '그는 나를 싫어하니?'가 되는 거죠.

여기서도 부정문과 마찬가지로 앞에 Does로 인해 뒤에 오는 동사는 다시 원형이 된다는 것 잊지 마세요.

Does she likes you? (X)
Does she like you? (O)

Does he love
[더즈 히 러브]

_____?

그는 ~를 좋아해?
(~를 사랑해?)

- Does가 오면서 loves가 아닌 원형으로 돌아오는 것 꼭 기억하세요.

Does he love games?
[더즈 히 러브 게임스]
그는 게임을 좋아해?

- **Does he love** computer **games?**
  [더즈 히 러브 컴퓨러 게임스]
  그는 컴퓨터 게임을 좋아해?

- **Does he love** board **games?** [더즈 히 러브 보드게임스]
  그는 보드 게임을 좋아해?

- **Does he love** virtual **games?** [더즈 히 러브 벌츄얼 게임스]
  그는 가상게임을 좋아해?

song
노래

Does he love songs?
[더즈 히 러브 쏭스]
그는 노래를 좋아해?

✓ **Does he love** the **song?** [더즈 히 러브 더 쏭]
그는 그 노래 좋아해?

✓ **Does he love my songs?** [더즈 히 러브 마이 쏭스]
그는 내 노래 좋아해?

✓ **Does he love** old **songs?** [더즈 히 러브 올드 쏭스]
그는 옛날 노래를 좋아해?

Does he love coffee?
[더즈 히 러브 커퓌]
그는 커피를 좋아해?

- **Does he love coffee** or tea? [더즈 히 러브 커퓌 오어 티]
  그는 커피를 좋아해, 아니면 차를 좋아해?

- **Does he love coffee** like you? [더즈 히 러브 커퓌 라이큐]
  그도 너처럼 커피 좋아해?

- **Does he love coffee**, too? [더즈 히 러브 커퓌 투]
  그도 커피를 좋아해?

2

Does she need
[더즈 쉬 니드]

_____?

그녀는 ~가 필요해?

- Does가 오면서 needs가 아닌 원형으로 돌아오는 것 꼭 기억하세요.

car
자동차
MP3 U03-24

Does she need a car?
[더즈 쉬 니드 어 카]
그녀는 차가 필요해?

- **Does she need a new car?** [더즈 쉬 니드 어 뉴 카]
  그녀는 새 차가 필요해?

- **Does she need that kind of car?**
  [더즈 쉬 니드 댓 카인드 오브 카]
  그녀는 저런 종류의 차가 필요해?

- **Does she need an expensive car?**
  [더즈 쉬 니드 언 익스펜씨브 카]
  그녀는 비싼 차가 필요해?

bike = bicycle
바이크 = 바이씨클
자전거

MP3 U03-25

Does she need a bike?
[더즈 쉬 니드 어 바이크]
그녀는 자전거가 필요해?

- **Does she need a mountain bike?**
  [더즈 쉬 니드 어 마운튼 바이크]
  그녀는 산악자전거가 필요해?

- **Does she need a bike for school?**
  [더즈 쉬 니드 어 바이크 포 스쿨]
  그녀는 학교에 다닐 자전거가 필요해?

- **Does she need a brand new bicycle?**
  [더즈 쉬 니드 어 브랜뉴 바이씨클]
  그녀는 새로 나온 자전거가 필요해?

Does she need a doll?
[더즈 쉬 니드 어 돌]
그녀는 인형이 필요해?

- **Does she need** another **doll?** [더즈 쉬 니드 어나덜 돌]
  그녀는 또 다른 인형이 필요해?

- **Does she need** so many **dolls?**
  [더즈 쉬 니드 쏘매니 돌스]
  그녀는 그렇게 많은 인형이 필요해?

- **Does she need** that ugly **doll?**
  [더즈 쉬 니드 댓 어글리 돌]
  그녀는 저 못생긴 인형이 필요해?

3

Does it have
[더즈 잇 해브]

_____?
그것은 ~를 가지고 있어?

- Does가 오면서
  has가 아닌
  원형으로 돌아오는 것
  꼭 기억하세요.

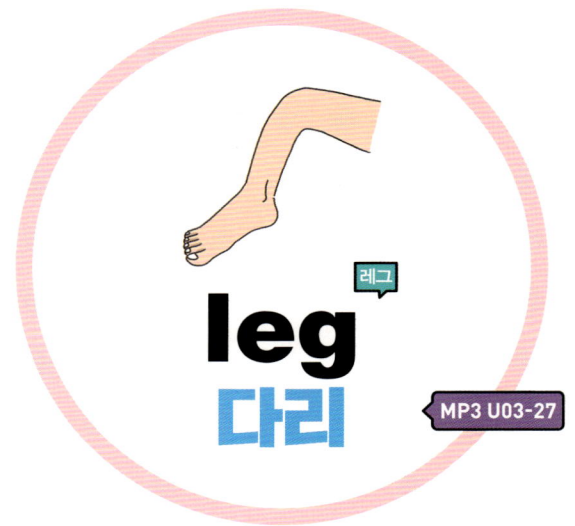

leg 레그
다리

MP3 U03-27

Does it have legs?
[더즈 잇 해브 레그스]
그것은 다리를 가지고 있어?

- **Does it have two legs?** [더즈 잇 해브 투 레그스]
  그것은 다리 두 개를 가지고 있어?

- **Does it have long legs?** [더즈 잇 해브 롱 레그스]
  그것은 긴 다리를 가지고 있어?

- **Does it have wooden legs?** [더즈 잇 해브 우든 레그스]
  그것은 나무로 된 다리를 가지고 있어?

bed
침대

MP3 U03-28

Does it have a bed?
[더즈 잇 해브 어 베드]
그것은 침대를 가지고 있어?

- **Does it have twin beds?** [더즈 잇 해브 트윈 베즈]
  그것은 싱글침대 두 개를 가지고 있어?

- **Does it have a double bed?** [더즈 잇 해브 어 더블 베드]
  그것은 더블베드(2인용침대)를 가지고 있어?

- **Does it have a king size bed?**
  [더즈 잇 해브 어 킹싸이즈 베드]
  그것은 킹 사이즈 침대를 가지고 있어?

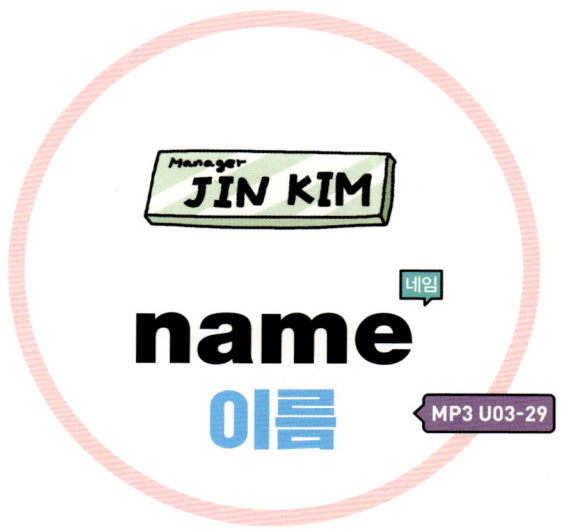

Does it have a name?
[더즈 잇 해브 어 네임]
그것은 이름을 가지고 있어?

- **Does it have a proper name?** [더즈 잇 해브 어 프라퍼 네임]
  그것은 적절한 이름을 가지고 있어?

- **Does it have a Korean name?**
  [더즈 잇 해브 어 코뤼안 네임]
  그것은 한국 이름을 가지고 있어?

- **Does it have a name tag?** [더즈 잇 해브 어 네임택]
  그것은 이름표를 가지고 있어?

복습하기

해석을 보고 빈칸을 채워본 후 음원을 들으면서 큰 소리로 따라 해보세요.
정답은 책의 뒷부분에 있어요.

1. _____ he _____ computer games?
그는 컴퓨터 게임을 좋아해?

2. _____ _____ _____ old songs?
그는 옛날 노래를 좋아해?

3. _____ he _____ _____ or tea?
그는 커피를 좋아해, 아니면 차를 좋아해?

4. _____ she _____ an expensive car?
그녀는 비싼 차가 필요해?

5. _____ _____ _____ a brand new _____?
그녀는 새로 나온 자전거가 필요해?

6. Does she _____ another _____?
그녀는 또 다른 인형이 필요해?

7. _____ _____ _____ long legs?
그것은 긴 다리를 가지고 있어?

8. _____ it _____ a double _____?
그것은 더블베드를 가지고 있어?

9. _____ _____ _____ a name tag?
그것은 이름표를 가지고 있어?

UNIT 04 조동사 배우기

조동사는 이름 그대로 동사를 도와주는 역할을 하는데요,
be동사나 일반동사 앞에서 동사에 특정한 뜻을 더해줍니다.

조동사 중에 많이 쓰이는 can, must, may 3가지를 알아볼게요.

★ can (능력, 허락, 부탁의 뜻을 가짐)
I can do it. 나는 할 수 있어. (능력)
Can I go home now? 저 지금 가도 되나요? (허락)
Can you help me? 나를 도와주시겠어요? (부탁)

★ must (의무, 추측의 뜻을 가짐)
We must wear school uniforms. 우리는 교복을 입어야 해. (의무)
You must be sick. 넌 아픈 게 틀림없어. (강한 추측)

★ may (허락, 추측의 뜻을 가짐)
May I sit down? 저 앉아도 될까요? (허락)   * can보다 더 정중한 표현
She may be angry with me. 그녀는 나한테 화났을지도 몰라. (약한 추측)

주의할 점은 조동사 뒤에는 항상 동사의 원형이 온다는 사실입니다!

1

He can _____.
[히 캔]
그는 ~을 할 수 있어

- can은 '할 수 있다'는 뜻의 능력을 나타내는 조동사로, 주어와 상관없이 뒤에는 동사원형이 옵니다.

swim
수영하다

He can swim.
[히 캔 수윔]
그는 수영할 수 있어.

- **He can swim** in the river. [히 캔 수윔 인더뤼버]
  그는 강에서 수영할 수 있어.

- **He can swim** without flippers.
  [히 캔 수윔 위드아웃 플리펄스]
  그는 오리발 없이 수영할 수 있어.

- **He can swim** in the ocean. [히 캔 수윔 인디오션]
  그는 바다에서 수영할 수 있어.

play [플레이]
(악기를) 연주하다

He can play.
[히 캔 플레이]
그는 연주할 수 있어.

- **He can play** the piano. [히 캔 플레이 더 피애노우]
  그는 피아노를 연주할 수 있어.

- **He can play** the cello. [히 캔 플레이 더 첼로우]
  그는 첼로를 연주할 수 있어.

- **He can play** the violin. [히 캔 플레이 더 바이올린]
  그는 바이올린을 연주할 수 있어.

make 만들다
[메이크]

MP3 U04-03

He can make.
[히 캔 메이크]
그는 만들 수 있어.

- **He can make** a model plane. [히 캔 메이크 어 마들 플레인]
  그는 모형 비행기를 만들 수 있어.

- **He can make** a sand castle. [히 캔 메이크 어 샌드 캐슬]
  그는 모래성을 만들 수 있어.

- **He can make** a delicious pancake.
  [히 캔 메이크 어 딜리셔쓰 팬케익]
  그는 맛있는 팬케이크를 만들 수 있어.

2

She can't
[쉬 캔트]

_____.

그녀는 ~을 할 수 없어 (~를 못해)

- can't는 can의 부정으로 '할 수 없다'는 뜻입니다. cannot으로 바꿔 쓸 수 있으며 can't의 [트]발음은 약하게 합니다.

She can't drive.
[쉬 캔트 드라이브]
그녀는 운전을 못해.

✓ **She can't drive** a car. [쉬 캔트 드라이브 어 칼]
그녀는 (차) 운전 못해.

✓ **She can't drive** alone. [쉬 캔트 드라이브 얼론]
그녀는 혼자 운전 못해.

✓ **She can't drive** at night. [쉬 캔트 드라이브 앳나잇]
그녀는 밤에 운전 못해.

cook
[쿠]
요리하다
MP3 U04-05

She can't cook.
[쉬 캔트 쿡]
그녀는 요리를 못해.

- ### She can't cook anything. [쉬 캔트 쿡 애니띵]
  그녀는 요리를 하나도 못해.

- ### She can't cook tonight. [쉬 캔트 쿡 투나잇]
  그녀는 오늘 밤에 요리를 못해.

- ### She can't cook, but I can. [쉬 캔트 쿡 벗 아이 캔]
  그녀는 요리를 못하지만, 난 할 수 있어.

speak 말하다 [스피크]

MP3 U04-06

She can't speak.
[쉬 캔트 스피크]
그녀는 말을 못해.

- **She can't speak English.** [쉬 캔트 스피크 잉글리쉬]
  그녀는 영어를 못해.

- **She can't speak any Korean.** [쉬 캔트 스피크 애니 코뤼안]
  그녀는 한국말을 하나도 못해.

- **She can't speak well in public.**
  [쉬 캔트 스피크 웰 인퍼블릭]
  그녀는 사람들 앞에서 말을 잘 못해.

3

Can he _____?
[캔 히]

그가 ~해도 되(나)요?

- 조동사의 의문문은 조동사를 맨 앞으로 보내서 만듭니다. 역시 주어 뒤에 오는 동사는 원형이 와야 해요.

stay
머물다

Can he stay?
[캔 히 스테이]
그가 머물러도 돼요?

✓ **Can he stay** here? [캔 히 스테이 히얼]
그가 여기 머물러도 돼요?

✓ **Can he stay** longer? [캔 히 스테이 롱걸]
그가 더 머물러도 돼요?

✓ **Can he stay** with me? [캔 히 스테이 위드미]
그가 나와 같이 머물러도 돼요?

Can he invite?
[캔 히 인바이트]
그가 초대해도 되나요?

✓ **Can he invite** friends? [캔 히 인바이트 프렌즈]
그가 친구들을 초대해도 되나요?

✓ **Can he invite** his girlfirend? [캔 히 인바이트 히스 걸프렌드]
그가 여자친구를 초대해도 되나요?

✓ **Can he invite** his family? [캔 히 인바이트 히스 풰밀리]
그가 가족들을 초대해도 되나요?

start 시작하다

Can he start?
[캔 히 스탈트]
그가 시작해도 되나요?

- **Can he start now?** [캔 히 스탈트 나우]
  그가 지금 시작해도 되나요?

- **Can he start his presentation?**
  [캔 히 스탈트 히스 프뤠젠테이션]
  그가 발표를 시작해도 되나요?

- **Can he start practice?** [캔 히 스탈트 프뤡티스]
  그가 연습을 시작해도 되나요?

4

She may _____.
[쉬 메이]
그녀는 ~일[할]지도 몰라

- 약한 추측의 뜻을 나타낼 때 may를 쓰며
  뒤에는 역시 동사원형이 옵니다.

be [비]
~이다 (+형용사)

MP3 U04-10

She may be sick.
[쉬 메이 비 씩]
그녀는 아플지도 몰라.

- ✓ **She may be** tired. [쉬 메이 비 타이얼드]
  그녀는 피곤할지도 몰라.

- ✓ **She may be** upset. [쉬 메이 비 업쎗]
  그녀는 화가 났을지도 몰라.

- ✓ **She may be** scared. [쉬 메이 비 스캐얼드]
  그녀는 두려울지도 몰라.

sell
팔다
[쎌]

MP3 U04-11

She may sell.
[쉬 메이 쎌]
그녀는 팔지도 몰라.

- ✓ **She may sell** her house. [쉬 메이 쎌 허 하우쓰]
  그녀는 자기 집을 팔지도 몰라.

- ✓ **She may sell** your stuff. [쉬 메이 쎌 유어 스터프]
  그녀는 네 물건을 팔지도 몰라.

- ✓ **She may sell** knockoff. [쉬 메이 쎌 넉어프]
  그녀는 짝퉁을 팔지도 몰라.

win [윈]
이기다
MP3 U04-12

She may win.
[쉬 메이 원]
그녀가 이길지도 몰라.

- **She may win** the game. [쉬 메이 원 더 게임]
  그녀가 게임에서 이길지도 몰라.

- **She may win** this time. [쉬 메이 원 디쓰 타임]
  그녀가 이번엔 이길지도 몰라.

- **She may win** the competition. [쉬 메이 원 더 컴페티션]
  그녀는 대회에서 이길지도 몰라.

5

He must _____.
[히 머스트]
그는 (꼭) ~해야 해

- 꼭 해야 하는 일을 말할 때 must를 쓰며
  뒤에는 역시 동사원형이 옵니다.

bring
가져오다
[브링]

MP3 U04-13

He must bring it.
[히 머스트 브링 잇]
그는 그것을 가져와야 해.

- **He must bring** his papers. [히 머스트 브링 히스 페이펄스]
  그는 그의 시험지를 가져와야 해.

- **He must bring** the receipt. [히 머스트 브링 더 리씻]
  그는 영수증을 가져와야 해.

- **He must bring** his bike. [히 머스트 브링 히스 바이크]
  그는 그의 자전거를 가져와야 해.

He must arrive.
[히 머스트 어롸이브]
그는 도착해야 해.

- **He must arrive** by 6. [히 머스트 어롸이브 바이 씩스]
  그는 6시까지 도착해야 해.

- **He must arrive** before noon. [히 머스트 어롸이브 비폴 눈]
  그는 정오 전에 도착해야 해.

- **He must arrive** by tonight. [히 머스트 어롸이브 바이 투나잇]
  그는 오늘 밤까지 도착해야 해.

join 가입하다, 함께하다
[조인]

MP3 U04-15

He must join.
[히 머스트 조인]
그는 함께해야 해.

✓ **He must join** the army. [히 머스트 조인 디 아미]
그는 군대에 가야 해.

✓ **He must join** one of the clubs.
[히 머스트 조인 원 오브 더 클럽스]
그는 클럽 중 하나에 가입해야 해.

✓ **He must join** my team. [히 머스트 조인 마이 팀]
그는 우리 팀에 합류해야 해.

6

She must not
[쉬 머스트 낫]

_____.

그녀는 ~하면 안 돼

- must의 부정은 뒤에 not을 붙이며, mustn't[머슨트]로 줄여서 말할 수 있습니다.

know 알다

She must not know.
[쉬 머스트 낫 노우]
그녀는 알면 안 돼.

- **She must not know** about it. [쉬 머스트 낫 노우 어바우 릿]
  그녀는 그것에 대해 알면 안 돼.

- **She must not know** about them.
  [쉬 머스트 낫 노우 어바웃 뎀]
  그녀는 그들에 대해 알면 안 돼.

- **She must not know** who I am. [쉬 머스트 낫 노우 후아이엠]
  그녀는 내가 누군지 알면 안 돼.

touch [터취]
만지다

She must not touch~
[쉬 머스트 낫 터취]
그녀는 ~을 만지면 안 돼

- **She must not touch** these. [쉬 머스트 낫 터취 디즈]
  그녀는 이것들을 만지면 안 돼.

- **She must not touch** the painting.
  [쉬 머스트 낫 터취 더 페인팅]
  그녀는 그림을 만지면 안 돼.

- **She must not touch** my laptop.
  [쉬 머스트 낫 터취 마이 랩탑]
  그녀는 내 노트북을 만지면 안 돼.

skip
건너뛰다, 거르다 [스킵]

She must not skip~
[쉬 머스트 낫 스킵]
그녀는 ~을 거르면 안 돼

- **She must not skip** classes. [쉬 머스트 낫 스킵 클래씨스]
  그녀는 수업을 빠지면 안 돼.

- **She must not skip** any chapters.
  [쉬 머스트 낫 스킵 애니 챕털스]
  그녀는 어떤 챕터도 건너뛰면 안 돼.

- **She must not skip** a meal. [쉬 머스트 낫 스킵 어 밀]
  그녀는 식사를 거르면 안 돼.

복습하기

해석을 보고 빈칸을 채워본 후 음원을 들으면서 큰 소리로 따라 해보세요.
정답은 책의 뒷부분에 있어요.

1. He _____ _____ in the river.
그는 강에서 수영할 수 있어.

2. She _____ _____ at night.
그녀는 밤에 운전 못해.

3. _____ _____ stay longer?
그가 더 머물러도 돼요?

4. _____ _____ _____ friends?
그가 친구를 초대해도 되나요?

5. She _____ _____ upset.
그녀는 화가 났을지도 몰라.

6. He _____ _____ the receipt.
그는 영수증을 가져와야 해.

7. She _____ _____ _____ about them.
그녀는 그들에 대해 알면 안 돼.

8. _____ _____ _____ the painting.
그녀는 그림을 만지면 안 돼.

인칭대명사표

그동안 문장에서 보았던 I, you, him과 같은 단어들을 대명사라고 하는데요.
명사를 대신 받아주는 단어입니다.
각 인칭과 격에 따라 어떻게 변하는지 표로 확인하세요.

		주격 (~은, ~는, ~이, ~가)	목적격 (~을, ~를, ~에게)	소유격 (~의)	소유대명사 (~의 것)	재귀대명사 (~자신)
1인칭	단수	I (나)	me	my	mine	myself
	복수	We (우리)	us	our	ours	ourselves
2인칭	단수	You (너)	you	your	yours	yourself
	복수	You (너희들)	you	your	yours	yourselves
3인칭	단수	She (그녀)	her	her	hers	herself
		He (그)	him	his	his	himself
		It (그것)	it	its	X	itself
	복수	They (그들)	them	their	theirs	themselves

Unit 4. 조동사 배우기

UNIT 05 현재시제로 말하기

현재시제는 일반적인 사실이나 습관 등을 말할 때 쓰입니다.

I have two sisters.
나는 두 명의 여자 형제가 있어.

She gets up at 7 every morning.
그녀는 매일 아침 7시에 일어나.

그 외에도 과학적인 사실이나 불변의 진리 등을 말할 때도 쓰이고요.

Water boils at 100°C.
물은 100도에서 끓어.

The sun rises in the east.
해는 동쪽에서 떠.

항상 동사의 원형을 써서 말하며, 3인칭 단수일 때는 동사에 -s나 -es를 붙여줘야 합니다. be동사의 경우 주어에 맞게 am, is, are를 써주면 돼요.

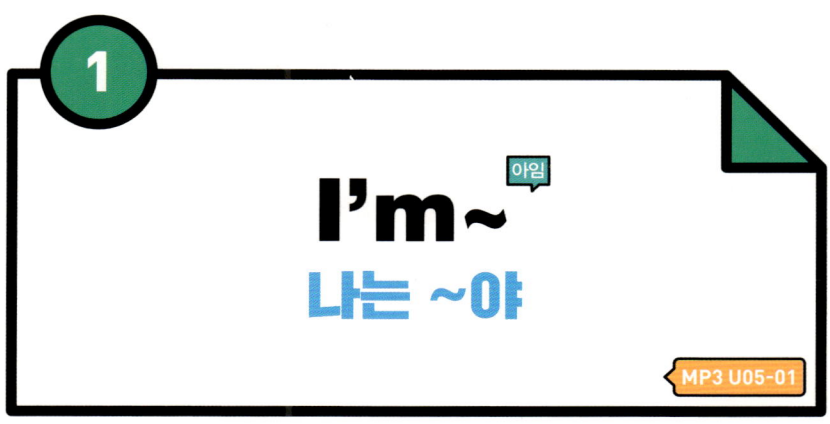

- **I'm 30 years old.** [아임 써리 이얼즈 올드]
  나는 서른 살이야.

- **I'm a student.** [아임 어 스튜던트]
  나는 학생이야.

- **I'm Korean.** [아임 코뤼안]
  나는 한국 사람이야.

- **I'm tall and slim.** [아임 톨 앤 슬림]
  나는 키가 크고 날씬해.

2

She's not~ [쉬즈 낫]
그녀는 ~가 아니야

MP3 U05-02

❌ **She's not a teacher.** [쉬즈 낫 어 티철]
그녀는 교사가 아니야.

❌ **She's not American.** [쉬즈 낫 어메뤼칸]
그녀는 미국인이 아니야.

❌ **She's not my aunt.** [쉬즈 낫 마이 앤트]
그녀는 우리 고모/이모가 아니야.

❌ **She's not healthy.** [쉬즈 낫 헬씨]
그녀는 건강하지 않아.

- **We walk to school.** [위 웍 투 스쿨]
  우리는 학교에 걸어가.

- **We read books every night.** [위 뤼드 북쓰 에브리나잇]
  우리는 매일 밤 책을 읽어.

- **We enjoy outdoor activities.**
  [위 인조이 아웃도얼 액티비리스]
  우리는 야외 활동을 즐겨.

- **We jog every morning.** [위 조그 에브리 모닝]
  우리는 매일 아침 조깅을 해.

4
아이 돈(트)
I don't+동사
나는 ~하지 않아

MP3 U05-04

- ❌ **I don't get** up early. [아이 돈 게럽 얼리]
  나는 일찍 일어나지 않아.

- ❌ **I don't like** to go shopping. [아이 돈 라익투 고우 샤핑]
  나는 쇼핑가는 걸 좋아하지 않아.

- ❌ **I don't grow** vegetables. [아이 돈 그로우 베지터블스]
  나는 채소를 기르지 않아.

- ❌ **I don't waste** time. [아이 돈 웨이스트 타임]
  나는 시간을 낭비하지 않아.

- **They go** to middle school. [데이 고우 투 미들 스쿨]
  그들은 중학교에 다녀.

- **They keep** diaries everyday.
  [데이 킵 다이어리스 에브리데이]
  그들은 매일 일기를 써.

- **They cry** very often. [데이 크롸이 베뤼 오픈]
  그들은 매우 자주 울어.

- **They work out** after dinner. [데이 웤크 아웃 애프터 디너]
  그들은 저녁 식사 후에 운동을 해.

- **He has** blue eyes. [히 해즈 블루 아이스]
  그는 파란 눈을 가지고 있어.

- **He loses** every time. [히 루지스 애브리타임]
  그는 항상 져.

- **He lives** with his parents. [히 리브스 위드 히스 패어뤈츠]
  그는 부모님과 함께 살아.

- **He runs** a Chinese restaurant.
  [히 뤈스 촤이니스 뤠스토랑]
  그는 중국 식당을 운영해.

7. She doesn't +동사
그녀는 ~하지 않아

[쉬 더즌(트)]

MP3 U05-07

- **She doesn't eat** breakfast. [쉬 더즌 잇 브뤡퍼스트]
  그녀는 아침을 안 먹어.

- **She doesn't throw** anything away.
  [쉬 더즌 쓰뤄우 애니띵 어웨이]
  그녀는 어떤 것도 버리지 않아.

- **She doesn't break** her promise.
  [쉬 더즌 브뤠이크 허 프롸미쓰]
  그녀는 약속을 어기지 않아.

- **She doesn't carry** a bag. [쉬 더즌 캐뤼 어 백]
  그녀는 가방을 안 가지고 다녀.

UNIT 06 과거시제로 말하기

과거시제는 과거에 일어났던 일을 말할 때 쓰이며, 동사의 과거형을 사용합니다. be동사의 경우 am, is는 was로, are는 were로 바꿔 쓰며, 일반동사의 경우 동사를 과거형으로 바꿔 말합니다.

동사의 과거형은 보통 동사원형에 -ed를 붙이지만, 불규칙으로 변하는 동사들이 있으니 불규칙 동사표를 보고 외워야 많은 단어를 활용해서 말할 수 있겠죠?

부정문을 만들 때는 be동사의 경우 뒤에 not만 붙이지만, 일반동사의 경우 didn't(=did not)를 사용해야 합니다. 이때 didn't 뒤에 오는 동사는 원형으로 다시 돌아와야 합니다.

I moved to Seoul. 나는 서울로 이사했어.
I didn't move to Seoul. 나는 서울로 이사하지 않았어.

• 일반동사의 규칙 변화

대부분의 동사	-ed	play → played start → started
-e로 끝나는 동사	-d	like → liked use → used
자음+y로 끝나는 동사	y를 i로 고치고 -ed	carry → carried study → studied
단모음+단자음으로 끝나는 동사	자음 하나 더 쓰고 -ed	drop → dropped stop → stopped

• **불규칙 동사표**

become	되다	became
begin	시작하다	began
break	깨다	broke
bring	가져오다	brought
buy	사다	bought
catch	잡다	caught
come	오다	came
cut	자르다	cut
draw	그리다	drew
drink	마시다	drank
drive	운전하다	drove
eat	먹다	ate
fall	떨어지다	fell
feel	느끼다	felt
fight	싸우다	fought
find	발견하다	found
get	얻다	got
give	주다	gave
go	가다	went
have	가지다	had
hear	듣다	heard
hide	숨다	hid
know	알다	knew
leave	떠나다	left
lose	잃어버리다	lost

make	만들다	made
meet	만나다	met
put	놓다	put
read	읽다	read
ride	타다	rode
run	달리다	ran
say	말하다	said
see	보다	saw
sell	팔다	sold
send	보내다	sent
sing	노래하다	sang
sit	앉다	sat
sleep	자다	slept
speak	말하다	spoke
stand	서다	stood
swim	수영하다	swam
take	가져가다	took
teach	가르치다	taught
tell	말하다	told
think	생각하다	thought
throw	던지다	threw
understand	이해하다	understood
wake	깨우다	woke
wear	입다	wore
win	이기다	won
write	쓰다	wrote

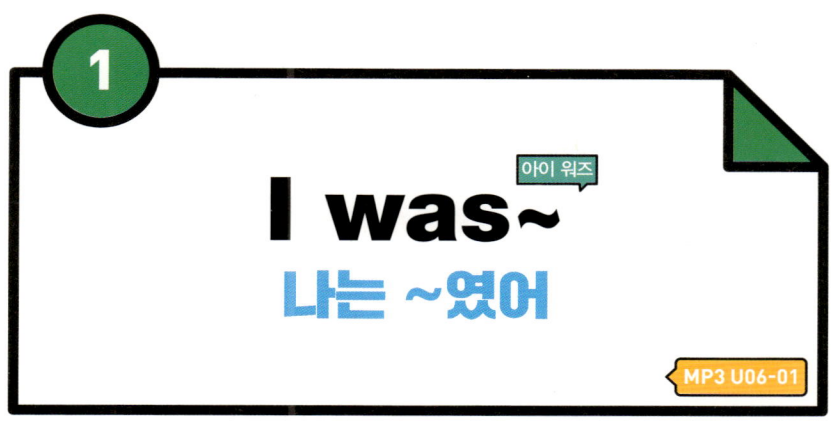

- **I was** very sick. [아이 워즈 베뤼 씩]
  나는 엄청 아팠어.

- **I was** bored to death. [아이 워즈 볼드 투 데쓰]
  나는 지루해서 죽을 뻔했어.

- **I was** really sorry. [아이 워즈 륄리 쏘뤼]
  나는 정말 미안했어.

- **I was** a troublemaker. [아이 워즈 어 트뤄블메이커]
  나는 문제아였어.

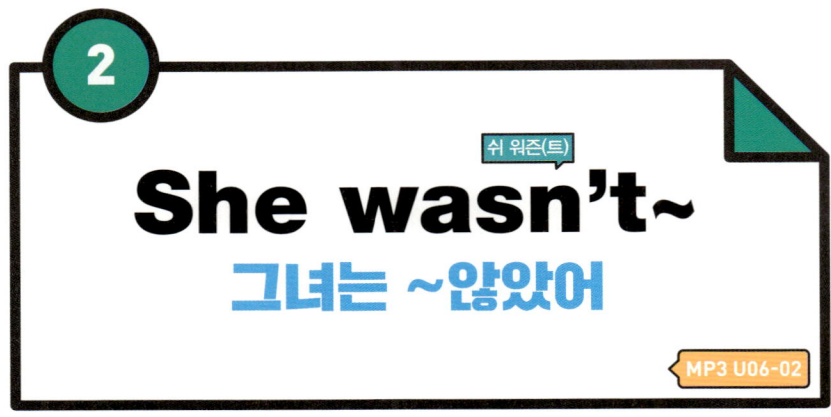

- **She wasn't** pleased. [쉬 워즌 플리즈드]
그녀는 기뻐하지 않았어.

- **She wasn't** a bad mom. [쉬 워즌 어 배드맘]
그녀는 나쁜 엄마가 아니었어.

- **She wasn't** that bad. [쉬 워즌 댓 배드]
그녀는 그렇게 못하지 않았어.

- **She wasn't** ready to go out. [쉬 워즌 뤠디 투 고우 아웃]
그녀는 나갈 준비가 안 됐었어.

You + 과거동사
너는 ~했어

- **You looked** surprised. [유 룩트 써프롸이즈드]
  너는 놀라 보였어.

- **You became** a pilot. [유 비캐임 어 파일럿]
  너 조종사가 됐구나.

- **You got** up late this morning. [유 갑 레잇 디쓰 모닝]
  너 오늘 아침에 늦게 일어났어.

- **You spent** too much money. [유 스팬트 투 머치 머니]
  너는 너무 많은 돈을 썼어.

- **I didn't** break the window. [아이 디든 브뤠익 더 윈도우]
  나는 창문을 깨지 않았어.

- **I didn't** text right away. [아이 디든 텍쓰트 롸잇어웨이]
  나는 바로 문자를 보내지 않았어.

- **I didn't** cut in line. [아이 디든 컷 인 라인]
  나는 새치기하지 않았어.

- **I didn't** listen to you. [아이 디든 리쓴 투유]
  나는 네 말을 듣지 않았어.

- **We traveled a lot.** [위 트뤠블드 얼랏]
  우리는 여행을 많이 했어.

- **We joined the book club.** [위 조인드 더 북클럽]
  우리는 북클럽에 가입했어.

- **We went climbing yesterday.**
  [위 웬트 클라이밍 예스털데이]
  우리는 어제 등산을 갔어.

- **We made lots of friends.** [위 메이드 랏츠 오브 프렌즈]
  우리는 많은 친구들을 사귀었어.

They didn't~
[데이 디든(트)]

그들은 ~하지 않았어

MP3 U06-06

❌ **They didn't** go to the park. [데이 디든 고우 투더 팔크]
그들은 공원에 가지 않았어.

❌ **They didn't** write me a letter. [데이 디든 롸잇 미 어 레러]
그들은 나에게 편지를 쓰지 않았어.

❌ **They didn't** tell the truth. [데이 디든 텔 더 투르쓰]
그들은 진실을 말하지 않았어.

❌ **They didn't** stand in line. [데이 디든 스탠드 인 라인]
그들은 줄을 서지 않았어.

7

[히] He + 과거동사
그는 ~했어

MP3 U06-07

- **He invited** us. [히 인바이리드 어쓰]
  그는 우리를 초대했어.

- **He brought** some snack. [히 브롯 썸 스낵]
  그는 간식을 좀 가져왔어.

- **He took** a lot of pictures. [히 툭 얼랏 오브 픽철스]
  그는 많은 사진을 찍었어.

- **He broke** his arm. [히 브로크 히스 암]
  그는 팔이 부러졌어.

복습하기

해석을 보고 빈칸을 채워본 후 음원을 들으면서 큰 소리로 따라 해보세요.
정답은 책의 뒷부분에 있어요.

1. _____ tall and slim.
나는 키가 크고 날씬해.

2. _____ _____ my aunt.
그녀는 우리 고모/이모가 아니야.

3. _____ _____ outdoor activities.
우리는 야외 활동을 즐겨.

4. _____ _____ _____ to go shopping.
나는 쇼핑가는 걸 좋아하지 않아.

5. _____ _____ _____ after dinner.
그들은 저녁 식사 후에 운동을 해.

6. _____ _____ _____ his parents.
그는 부모님과 함께 살아.

7. _____ _____ _____ her promise.
그녀는 약속을 어기지 않아.

8. _____ _____ _____ to death.
나는 지루해서 죽을 뻔했어.

9. _____ _____ _____ to go out.
그녀는 나갈 준비가 안 됐었어.

10. ▨▨▨▨▨ ▨▨▨▨▨ a pilot.
너 조종사가 됐구나.

11. ▨▨▨▨▨ ▨▨▨▨▨ cut in line.
나는 새치기하지 않았어.

12. ▨▨▨▨▨ ▨▨▨▨▨ the book club.
우리는 북클럽에 가입했어.

13. ▨▨▨▨▨ ▨▨▨▨▨ ▨▨▨▨▨ the truth.
그들은 진실을 말하지 않았어.

14. ▨▨▨▨▨ ▨▨▨▨▨ his arm.
그는 팔이 부러졌어.

15. ▨▨▨▨▨ ▨▨▨▨▨ too much money.
너는 너무 많은 돈을 썼어.

16. ▨▨▨▨▨ ▨▨▨▨▨ ▨▨▨▨▨ the window.
나는 창문을 깨지 않았어.

17. ▨▨▨▨▨ ▨▨▨▨▨ a lot of ▨▨▨▨▨.
그는 많은 사진을 찍었어.

18. ▨▨▨▨▨ ▨▨▨▨▨ ▨▨▨▨▨ to the park.
그들은 공원에 가지 않았어.

Unit 6. 과거시제로 말하기

UNIT 07 명령문으로 말하기

명령문은 말 그대로 상대방에게 지시나 명령을 내릴 때 쓰는 표현입니다. 주어 없이 동사로 문장을 시작하며, 동사는 항상 원형을 씁니다.

Go away. 가버려.
Be careful. 조심해.

부탁하듯이 말하고 싶을 때는, 앞이나 뒤에 please를 붙여주면 됩니다.

Hear me out, please. = Please hear me out.
내 말 좀 끝까지 들어줘.

무언가를 하지 말라고 할 때 쓰는 부정 명령문은 앞에 Don't를 넣어서 문장을 시작하며 역시 뒤에는 동사의 원형이 옵니다.

Don't listen to him. 그의 말을 듣지 마.

좀 더 강조해서 말하고 싶다면, Don't 대신 Never를 써도 됩니다.

- **Be quiet.** [비 콰이엇]
  조용히 해.

- **Be patient.** [비 패이션트]
  인내심을 가져.

- **Be nice** to your friends. [비 나이쓰 투 유어 프렌즈]
  친구들에게 친절하게 대해.

- **Be careful** not to break it. [비 캐어풀 낫투 브레이킷]
  그거 깨뜨리지 않게 조심해.

2. Don't be + 형용사
~하지 마

[돈(트) 비]

MP3 U07-02

- **Don't be** noisy. [돈비 노이지]
  시끄럽게 굴지 마.

- **Don't be** late for school. [돈비 레잇 포 스쿨]
  학교 늦지 마.

- **Don't be** nervous. [돈비 널버쓰]
  긴장하지 마.

- **Don't be** stupid. [돈비 스튜피드]
  멍청하게 굴지 마.

③ Stop+동사-ing
[스탑]
그만 ~해

MP3 U07-03

- **Stop** cry**ing**. [스탑 크롸잉]
  그만 울어.

- **Stop** fight**ing**. [스탑 퐈이팅]
  그만 싸워.

- **Stop** whin**ing**. [스탑 와이닝]
  그만 징징거려.

- **Stop** scream**ing**. [스탑 스크뤼밍]
  그만 소리 질러.

4 동사, please [플리즈]
~해줘

MP3 U07-04

- **Help** me**, please.** [헬프 미 플리즈]
  나 도와줘.

- **Set** the table**, please.** [셋 더 테이블 플리즈]
  식탁 좀 차려줘.

- **Fix** the computer**, please.** [픽쓰 더 컴퓨러 플리즈]
  컴퓨터 좀 고쳐줘.

- **Give** me a break**, please.** [깁미 어 브뤠익 플리즈]
  나 좀 봐줘.

- **Never lie** to me. [네버 라이 투미]
  절대 나한테 거짓말하지 마.

- **Never go** out at night. [네버 고우 아웃 앳 나잇]
  밤에 절대 나가지 마.

- **Never open** this door. [네버 오픈 디쓰 도얼]
  절대 이 문을 열지 마.

- **Never follow** strangers. [네버 팔로우 스트랭절스]
  절대 낯선 사람 따라가지 마.

UNIT 08 청유문으로 말하기

청유문은 뭔가를 같이 하자고 제안하고, 권유할 때 쓰이는 문장을 말합니다.

★ Let's~ 우리 ~하자
뭔가를 함께 하자고 편하게 말할 때 쓸 수 있으며 뒤에 동사원형이 옵니다.
부정문은 뒤에 not을 붙여 Let's not~이라고 말합니다.

Let's do it. 우리 그거 하자.
Let's not do it. 우리 그거 하지 말자.

★ Shall we~? 우리 ~할래?
Let's~보다 더 부드럽고, 정중한 표현입니다. 역시 뒤에 동사원형이 옵니다.

Shall we go inside? (우리) 안으로 들어갈까?

★ Why don't we~? 우리 ~하는 게 어때?
역시 뒤에 동사원형이 오며 Why don't you~?라고 말하면 상대방에게 제안할 때 쓰는 표현입니다.

Why don't we play outside? 우리 밖에서 노는 게 어때?

★ How about~? ~하는 게 어때?
다른 표현들과 달리 뒤에 동사-ing 형태가 옵니다.

How about watching TV? TV 보는 게 어때?

1 Let's + 동사
우리 ~하자

Let's go to the park. [레츠 고우 투더 팔크]
우리 공원에 가자.

Let's take a rest. [레츠 테이크 어 뤠스트]
우리 쉬자.

Let's throw them away. [레츠 쓰로우 뎀 어웨이]
우리 그것들 버리자.

Let's take off our shoes. [레츠 테이크 오프 아월 슈즈]
우리 신발 벗자.

2

Let's not + 동사
우리 ~하지 말자

[레츠낫]

MP3 U08-02

- **Let's not talk** about it. [레츠낫 토크 어바우릿]
  우리 그 얘기는 하지 말자.

- **Let's not waste** our time. [레츠낫 웨이스트 아월 타임]
  우리 시간을 낭비하지 말자.

- **Let's not fight** over food. [레츠낫 퐈잇 오벌 푸드]
  우리 음식 가지고 싸우지 말자.

- **Let's not study** today. [레츠낫 스터디 투데이]
  우리 오늘은 공부하지 말자.

Shall we+동사?
우리 ~할래?

- **Shall we dance?** [쉘위 댄쓰]
  우리 춤출래?

- **Shall we have** dinner together?
  [쉘위 해브 디너 투게덜]
  우리 같이 저녁식사 할래?

- **Shall we meet** at 10? [쉘위 밋앳 텐]
  우리 10시에 만날래?

- **Shall we grab** some food? [쉘위 그뤱 썸 푸드]
  우리 뭐 좀 먹을래?

- **Why don't we take a walk?** [와이 돈위 테이크 어 워크]
  우리 산책하는 게 어때?

- **Why don't we go see a doctor?**
  [와이 돈위 고우 씨 어 닥털]
  우리 병원에 가보는 게 어때?

- **Why don't we watch a movie?** [와이 돈위 워취 어 무비]
  우리 영화를 보는 게 어때?

- **Why don't we try this again?**
  [와이 돈위 트롸이 디쓰 어게인]
  우리 이거 다시 해보는 게 어때?

5

How about +동사-ing?
[하우 어바웃]

우리 ~하는 거 어때?

MP3 U08-05

- **How about eating out?** [하우 어바웃 이링 아웃]
  외식하는 거 어때?

- **How about having a cup of tea?**
  [하우 어바웃 해빙 어 컵오브 티]
  차 한 잔 하는 거 어때?

- **How about going skiing this weekend?**
  [하우 어바웃 고잉 스킹 디쓰 워크엔드]
  이번 주말에 스키 타러 가는 거 어때?

- **How about doing something fun?**
  [하우 어바웃 두잉 썸씽 펀]
  뭔가 재미있는 걸 하는 거 어때?

복습하기

해석을 보고 빈칸을 채워본 후 음원을 들으면서 큰 소리로 따라 해보세요.
정답은 책의 뒷부분에 있어요.

1. _____ _____ to your friends.
친구들에게 친절하게 대해.

2. _____ _____ _____ for school.
학교 늦지 마.

3. _____ fighting.
그만 싸워.

4. _____ the table, _____.
식탁 좀 차려줘.

5. _____ _____ to me.
절대 나한테 거짓말하지 마.

6. _____ _____ to the park.
우리 공원에 가자.

7. _____ _____ waste our time.
우리 시간을 낭비하지 말자.

8. _____ _____ have dinner together?
우리 같이 저녁식사 할래요?

9. _____ _____ take a walk?
우리 산책하는 게 어때?

10. _____ _____ eating out?
외식하는 거 어때?

UNIT 09 의문사 사용하기

질문을 좀 더 구체적으로 하고 싶을 때, 의문사를 사용해서 물어볼 수 있습니다. 의문사는 총 6개가 있으며, 항상 문장의 맨 앞에 위치합니다.

★ What 무엇을, 뭐

What did you eat? 너 뭐 먹었니?

★ Why 왜

Why do you love him? 너는 그를 왜 사랑하니?

★ Where 어디에, 어디서

Where did you put the key? 열쇠를 어디에 두었니?

★ When 언제

When did you take your medicine? 약 언제 먹었니?

★ Who 누구

Who is the man over there? 저기 있는 남자는 누구니?

★ How 어떻게

How do you know her? 그녀를 어떻게 아니?

- **What** did you do? [왓 디쥬 두]
  너 뭐했니?

- **What** do you do? [왓 두유 두]
  당신 직업이 뭔가요?

- **What** did you eat for breakfast?
  [왓 디쥬 잇 풔 브뤡퍼스트]
  너 아침으로 뭐 먹었어?

- **What** does she like to do? [왓 더즈쉬 라익 투두]
  그녀는 뭐 하는 거 좋아해?

- **Why** are you angry? [와이 아유 앵그뤼]
  너 왜 화가 났니?

- **Why** did he cry? [와이 디드 히 크라이]
  그는 왜 울었니?

- **Why** do you have it? [와이 두유 해브 잇]
  너 왜 그거 가지고 있니?

- **Why** does she hate me? [와이 더즈 쉬 헤잇 미]
  그녀는 왜 날 싫어하니?

3

Where [웨얼]
어디에, 어디서

MP3 U09-03

- **Where** does she live? [웨얼 더즈 쉬 리브]
  그녀는 어디에 살아?

- **Where** did you meet him? [웨얼 디쥬 밋 힘]
  너 그를 어디서 만났어?

- **Where** did they go? [웨얼 디드 데이 고]
  그들은 어디로 갔니?

- **Where** do you sleep? [웨얼 두유 슬립]
  너는 어디에서 자니?

- **When** did you go to bed? [웬 디쥬 고우 투 베드]
  너 언제 자러 갔니?

- **When** do we leave? [웬 두위 리브]
  우리 언제 떠나?

- **When** did he fall asleep? [웬 디드 히 포러슬립]
  그는 언제 잠들었니?

- **When** did they go out? [웬 디드 데이 고우 아웃]
  그들은 언제 나갔어?

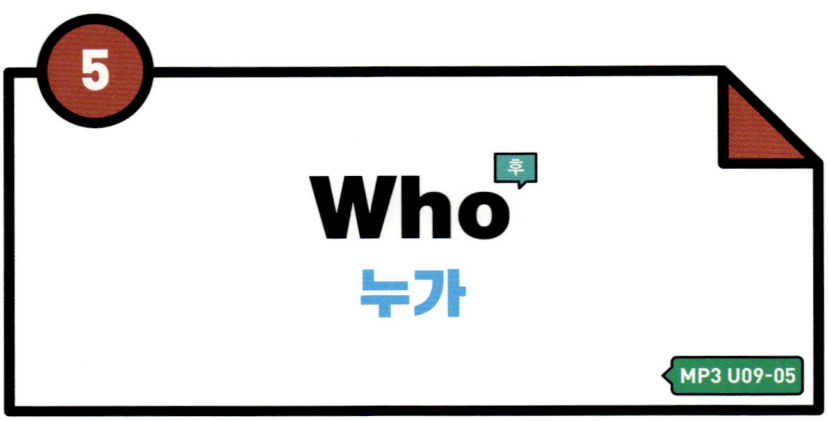

- **Who** broke the vase? [후 브로크 더 베이쓰]
  누가 꽃병을 깼니?

- **Who** do you like? [후 두유 라이크]
  너 누구 좋아해?

- **Who** do you want to speak with?
  [후 두유 원투 스픽 위드]
  누구와 이야기하고 싶어?

- **Who** did this to you? [후 디드 디쓰 투유]
  누가 너한테 이랬니?

- **How** is he? [하우 이즈 히]
  그는 어때?

- **How** was your vacation? [하우 워즈 유어 베케이션]
  휴가 어땠어?

- **How** did you do that? [하우 디쥬 두댓]
  너 그거 어떻게 했어?

- **How** was your game? [하우 워즈 유어 게임]
  경기는 어땠어?

복습하기

해석을 보고 빈칸을 채워본 후 음원을 들으면서 큰 소리로 따라 해보세요.
정답은 책의 뒷부분에 있어요.

1. _____ _____ you eat for breakfast?
   너 아침으로 뭐 먹었어?

2. _____ _____ you have it?
   너 왜 그거 가지고 있니?

3. _____ _____ _____ meet him?
   너 그를 어디서 만났어?

4. _____ _____ _____ fall asleep?
   그는 언제 잠들었니?

5. _____ _____ this to you?
   누가 너한테 이랬니?

6. _____ _____ your vacation?
   휴가 어땠어?

7. _____ _____ _____ hate me?
   그녀는 왜 날 싫어하니?

8. _____ _____ _____ leave?
   우리 언제 떠나요?

추가 의문사

앞에서 배운 6가지 의문사 외에 which라는 의문사가 있는데요, 선택의문문에서 사용됩니다.

Which do you like more? 어느 게 더 좋아?

또한 how 뒤에 형용사를 넣어 말하기도 합니다.

How much is this? 이거 얼마예요?
How much money did you spend? 너 돈을 얼마나 썼어?
How much do you love me? 나를 얼마나 사랑해요?

How many do you have? 너 얼마나 많이 가지고 있니?
How many apples did he eat? 그는 사과를 몇 개나 먹었니?

How fast can you run? 너 얼마나 빨리 달릴 수 있어?

How often do you work out? 너 얼마나 자주 운동을 해?
How often does she go out? 그녀는 얼마나 자주 나가?

UNIT 10 주요 문법별 패턴

1

현재 진행형

지금 하고 있는 일을 말할 때 쓰는 문법으로, **be동사+동사-ing** 형태로 말합니다.

주어에 따라 알맞은 be동사를 사용하며 동사 뒤에 -ing를 붙여줘야 합니다.

am/is/are +동사-ing
~하는 중이야

MP3 P10-01

- ❌ I **am talking** on the phone. [아이 엠 토킹 온 더 폰]
  나 전화 통화 중이야.

- ❌ She **is looking** for her cat. [쉬 이즈 루킹 풔 헐 캣]
  그녀는 자기 고양이를 찾고 있는 중이야.

- ❌ They **are listening** to music. [데이 알 리쓰닝 투 뮤직]
  그들은 음악을 듣고 있는 중이야.

- ❌ He **is having** lunch with them.
  [히 이즈 해빙 런치 위드 뎀]
  그는 그들과 점심을 먹고 있는 중이야.

2

과거 진행형

과거에 하고 있었던 일을 말할 때 쓰는 문법으로,
be동사+동사-ing 형태로 말합니다.

be동사는 과거형인 **was**나 **were**를 사용합니다.

was/were +동사-ing
~하고 있었어

MP3 P10-02

- He **was taking** a shower. [히 워즈 테이킹 어 샤워]
  그는 샤워하고 있었어.

- I **was reading** a magazine. [아이 워즈 뤼딩 어 매거진]
  나는 잡지를 읽고 있었어.

- She **was drawing** some pictures.
  [쉬 워즈 드뤄잉 썸 픽쳘쓰]
  그녀는 그림을 그리고 있었어.

- We **were thinking** about you. [위 월 씽킹 어바우츄]
  우리는 네 생각을 하고 있었어.

미래시제 1

미래에 하고자 하는 일을 말할 때 쓰는 문법으로, **be going to**를 사용해서 말합니다.

be going to 뒤에는 **동사원형**이 옵니다.

be going to
+동사
~할 거야

MP3 P10-03

- **I'm going to win.** [아임 고잉 투 윈]
  나는 이길 거야.

- **She's going to have** a party. [쉬즈 고잉 투 해브 어 파리]
  그녀는 파티를 열 거야.

- **We're going to move** to Jeju. [위아 고잉 투 무브 투 제주]
  우리는 제주도로 이사 갈 거야.

- **They're going to help** us. [데알 고잉 투 헬프 어쓰]
  그들이 우리를 도울 거야.

4

미래시제 2

미래에 하고자 하는 일을 말할 때 쓰는 문법으로, 조동사 **will**을 사용해서 말합니다.

be going to가 좀 더 준비된 계획이라면, will은 즉흥적이거나 단순한 의지를 나타냅니다.

will+동사
~할 거야

MP3 P10-04

- **I will go** on a diet. [아이 윌 고우 온 어 다이엇]
  나 다이어트 할 거야.

- We **will tell** him the truth. [위 윌 텔 힘 더 트루쓰]
  우리는 그에게 진실을 말할 거야.

- She**'ll take** a subway. [쉬일 테이크 어 써브웨이]
  그녀는 지하철을 탈 거야.

- He**'ll forgive** you. [히일 포기브 유]
  그는 너를 용서할 거야.

5

비교급

두 개를 비교할 때 쓰는 문법이며,
형용사에 -er를 붙여
비교형태를 만들어줍니다.
slow (느린) – slower (더 느린)

'~보다'라는 뜻의 than 뒤에
비교하는 대상을 넣어주세요.

비교급 than
~보다 더 ~한

- **He's taller than my dad.** [히즈 톨러 댄 마이 데드]
  그는 우리 아빠보다 키가 커.

- **This is longer than that.** [디쓰 이즈 롱걸 댄 댓]
  이게 저것보다 더 길어.

- **My bag is heavier than yours.**
  [마이백 이즈 헤비얼 댄 유얼스]
  내 가방이 네 것보다 더 무거워.

- **I am prettier than you.** [아이엠 프뤼티얼 댄 유]
  내가 너보다 더 예뻐.

6

최상급

무언가가 가장 뛰어나다고 말할 때 쓰는 문법으로 **형용사 뒤에 -est**를 붙여줍니다.

fast (빠른) - fastest (가장 빠른)

최상급은 항상 **the**를 함께 써서 **the fastest**와 같은 형태로 말합니다.

the 최상급
가장 ~한

MP3 P10-06

- She's **the smartest** in my class.
  [쉬즈 더 스말티스트 인 마이 클래스]
  그녀는 우리 반에서 가장 똑똑해.

- I'm **the youngest** in my family.
  [아임 더 영기스트 인 마이 풰밀리]
  우리 가족 중에 내가 가장 어려.

- This is **the smallest** one. [디쓰 이즈 더 스몰리스트 원]
  이게 가장 작은 거야.

- He's **the shortest** of them. [히즈 더 쑬티스트 오브 뎀]
  그는 그들 중에 가장 작아.

Unit 10. 주요 문법별 패턴 207

7 사역동사 1

사역동사는 남에게 무언가를 시키거나 허락할 때 쓰는 동사로, **make, have, let**이 있는데요, 뒤에는 항상 **동사원형**이 옵니다.

He always makes me clean his room.
그는 항상 내가 자기 방을 청소하게 해.

make+ 목적어+동사
~가 ~하게 하다

MP3 P10-07

- I **made** him **fix** the computer.
  [아이 메이드 힘 퓍쓰 더 컴퓨러]
  나는 그가 컴퓨터를 고치게 했어.

- She **makes** me **read** books every night.
  [쉬 메익쓰 미 뤼드 북쓰 에브리나잇]
  그녀는 매일 밤 내가 책을 읽게 해.

- They **made** her **pick** up the trash.
  [데이 메이드 헐 픽업 더 트뤠쉬]
  그들은 그녀가 쓰레기를 줍게 했어.

- You **made** me **do** this. [유 메이드 미 두 디쓰]
  네가 나한테 이거 시켰잖아.

사역동사 2

have 또한 사역동사로 뒤에
목적어와 **동사원형**을 넣어
목적어에 오는 사람이
그 일을 하도록 시킬 때 쓰입니다.

My mom had me do my homework before dinner.
엄마는 저녁 먹기 전에 내가 숙제를 하게 했어.

have+ 목적어+동사
~가 ~하게 하다

MP3 P10-08

- **She had me do the laundry.** [쉬 해드 미 두 더 런드뤼]
  그녀는 내가 빨래를 하게 했어.

- **I have my sister do my homework.**
  [아이 해브 마이 씨스털 두 마이 홈월크]
  나는 여동생에게 내 숙제를 하게 해.

- **He had me stand in line.** [히 해드 미 스탠드 인 라인]
  그는 내가 줄을 서게 했어.

- **My dad has me recycle everything.**
  [마이 대드 해즈 미 뤼싸이클 에브리띵]
  우리 아빠는 내가 모든 것을 재활용하게 해.

9

지각동사 1

지각동사란 보고, 듣고, 느끼는 것과 같은 감각을 통해 인식하는 동사를 말합니다.

예를 들어, see, hear, feel과 같은 동사를 말하죠.

지각동사를 사용할 때는 목적어 뒤에 동사의 원형이나 -ing 형태 둘 다 사용 가능하지만 여기에선 원형으로 만들어 볼게요.

I saw him cry. 나는 그가 우는 걸 봤어.
= I saw him crying.

see+
목적어+동사
~가 ~하는 걸 보다

MP3 P10-09

- **I saw them cut in line.** [아이 쏘우 뎀 컷 인 라인]
  나는 그들이 새치기하는 걸 봤어.

- **We saw you feed the cat.** [위 쏘 유 퓌드 더 캣]
  우리는 네가 고양이에게 먹이를 주는 걸 봤어.

- **He saw me steal the pen.** [히 쏘우 미 스틸 더 펜]
  그는 내가 펜을 훔치는 걸 봤어.

- **They saw you push me.** [데이 쏘 유 푸쉬 미]
  그들이 네가 나를 미는 걸 봤어.

10

지각동사 2

**see와 마찬가지로 동사 hear도
목적어 뒤에 원형이나
동사의 -ing형을 넣어
문장을 만듭니다.**

I heard him scream.
= I heard him screaming.
나는 그가 소리 지르는 걸 들었어.

hear + 목적어 + 동사
~가 ~하는 걸 듣다

MP3 P10-10

- **We heard** someone **knock**. [위 헐드 썸원 넉]
  우리는 누가 노크하는 걸 들었어.

- I **hear** you **sing** every morning.
  [아이 히얼 유 씽 에브리모닝]
  나는 네가 매일 아침 노래하는 걸 들어.

- He **heard** you **yell** at me. [히 헐 쥬 옐 앳 미]
  그는 네가 나한테 소리치는 걸 들었어.

- She **heard** me **play** the piano.
  [쉬 헐드 미 플레이 더 피애노우]
  그녀는 내가 피아노 치는 걸 들었어.

복습하기

주어진 단어를 조합해 문장을 만든 후 음원을 들으면서 큰 소리로 따라 해보세요.
정답은 책의 뒷부분에 있어요.

1.

am / on the phone / I / talking

나 전화 통화 중이야.

2.

drawing / was / some pictures / She

그녀는 그림을 그리고 있었어.

3.

We're / move to Jeju / going to

우리는 제주도로 이사 갈 거야.

4.

take / a subway / She'll

그녀는 지하철을 탈 거야.

5.

taller / He's / my dad / than

그는 우리 아빠보다 키가 커.

6.

in my family / I'm / the youngest

우리 가족 중에 내가 가장 어려.

7.

They / her / the trash / made / pick up

그들은 그녀가 쓰레기를 줍게 했어.

8.

My dad / everything / has / recycle / me

우리 아빠는 내가 모든 것을 재활용하게 해.

9.

saw / feed the cat / We / you

우리는 네가 고양이에게 먹이를 주는 걸 봤어.

10.

you / heard / He / yell at me

그는 네가 나한테 소리치는 걸 들었어.

11.

made / do / You / this / me

네가 나한테 이거 시켰잖아.

12.

have / do / my sister / I / my / homework

나는 여동생에게 내 숙제를 하게 해.

UNIT 11 자주 쓰이는 생활 패턴

1

Could you~?
~해줄래요?

Could you~?는 Can you~?의 좀 더 정중한 표현으로 무언가를 부탁할 때 쓸 수 있는 패턴입니다. 좀 더 간절하게 말하고 싶다면, please를 넣어 Could you please~?라고 말할 수 있으며 뒤에는 동사원형이 옵니다.

Could you~? [쿠쥬]
~해줄래요?

MP3 P11-01

- **Could you help me?** [쿠쥬 헬프 미]
  나 좀 도와줄래요?

- **Could you tell me more?** [쿠쥬 텔미 모얼]
  더 이야기해줄래요?

- **Could you say that again?** [쿠쥬 쎄이 댓 어게인]
  다시 말해줄래요?

- **Could you forgive me?** [쿠쥬 풔기브 미]
  나를 용서해줄래요?

2

May I~?
(제가) ~해도 되나요?

May I~?는 굉장히 정중한 표현으로 상대방에게 허락을 구할 때 쓰는 패턴입니다.
역시 뒤에는 동사원형이 오며,
좀 더 가볍게 묻고 싶다면,
Can I~?로 바꿔 말할 수 있습니다.

May I ~? [메이 아이]
(제가) ~해도 되나요?

MP3 P11-02

- **May I** use your pen? [메이 아이 유즈 유어 펜]
  펜 좀 써도 되나요?

- **May I** go now? [메이 아이 고우 나우]
  지금 가도 되나요?

- **May I** ask a question? [메이 아이 애스크 어 퀘스천]
  질문해도 되나요?

- **May I** speak to Jay? [메이 아이 스픽 투 제이]
  제이랑 통화할 수 있나요?

3

I'd like to~
(전) ~하고 싶어요

I'd like to~는 무언가를 하고 싶다는 뜻의 정중한 표현으로 I would like to~를 줄인 패턴입니다.
뒤에는 역시 동사원형이 오고 좀 더 직설적으로 I want to~라고 말할 수 있습니다.

I'd like to~
아이드 라익 투
(전) ~하고 싶어요

MP3 P11-03

- **I'd like to** meet him. [아이드 라익 투 밋힘]
  그를 만나고 싶어요.

- **I'd like to** invite them. [아이드 라익 투 인바잇 뎀]
  그들을 초대하고 싶어요.

- **I'd like to** be alone. [아이드 라익 투 비 얼론]
  혼자 있고 싶어요.

- **I'd like to** book a table. [아이드 라익 투 북 어테이블]
  테이블을 예약하고 싶어요.

4

Would you like to~?
~하시겠어요?

상대방에게 무언가 하고 싶은지 물을 때 사용하는 패턴으로,
Do you want to~? 보다 훨씬 부드럽고 정중한 표현입니다.
역시 뒤에는 동사원형이 옵니다.

Would you like to~?
~하시겠어요?

우쥬 라익 투

MP3 P11-04

- **Would you like to have some snack?**
  [우쥬 라익 투 해브 썸 스낵]
  간식 좀 드시겠어요?

- **Would you like to dance with me?**
  [우쥬 라익 투 댄쓰 위드 미]
  저와 춤추시겠어요?

- **Would you like to join us?** [우쥬 라익 투 조이너쓰]
  우리랑 함께 하시겠어요?

- **Would you like to leave a message?**
  [우쥬 라익 투 리브 어 메씨지]
  메시지를 남기시겠어요?

Unit 11. 자주 쓰이는 생활 패턴   225

5

I used to~
난 ~하곤 했어

과거에 자주 했던 습관을 나타낼 때 쓰는 패턴으로 I would~와 바꿔 쓸 수 있습니다.
하지만 I used to~가 좀 더 규칙적인 습관을 말할 때 사용하며,
역시 뒤에는 동사원형이 옵니다.

I used to~
아이 유스드 투
난 ~하곤 했어

MP3 P11-05

- **I used to** walk my dogs. [아이 유스드 투 워크 마이 독쓰]
  난 내 개들을 산책 시키곤 했어.

- **I used to** hang out with him.
  [아이 유스드 투 행아웃 위드 힘]
  난 그와 함께 어울리곤 했어.

- **I used to** drink a lot. [아이 유스드 투 드륑크 얼랏]
  난 술을 많이 마시곤 했어.

- **I used to** stay up late. [아이 유스드 투 스테이업 레잇]
  난 늦게까지 깨어 있곤 했어.

Unit 11. 자주 쓰이는 생활 패턴

6

I'm used to+동사-ing
난 ~에 익숙해

앞서 배운 형태와 비슷하지만,
be동사가 들어가고 뒤에
동사원형이 아닌 -ing형태가 오는
I'm used to~ 패턴은
익숙한 일을 말할 때 쓸 수 있는
패턴입니다.

I'm used to + 동사-ing
[아임 유즈드 투]
난 ~에 익숙해

MP3 P11-06

- **I'm used to skipping breakfast.**
  [아임 유즈드 투 스키핑 브뤡퍼스트]
  난 아침 거르는 것에 익숙해.

- **I'm used to waiting for him.** [아임 유즈드 투 웨이링 포힘]
  난 그를 기다리는 것에 익숙해.

- **I'm used to working alone.** [아임 유즈드 투 월킹 얼론]
  난 혼자 일하는 것에 익숙해.

- **I'm used to eating spicy food.**
  [아임 유즈드 투 이링 스파이씨 푸드]
  난 매운 음식을 먹는 것에 익숙해.

I was about to~
(나) 막 ~하려고 했어

be about to는
'막 ~하려고 하다'라는 뜻의
표현입니다.
이제 막 하려고 했던 일을 말하고자
할 때 쓸 수 있는 패턴이죠.

I was about to~
[아이 워즈 어바웃 투]
(나) 막 ~하려고 했어

MP3 P11-07

- **I was about to** call you. [아이 워즈 어바웃 투 콜유]
  너한테 막 전화하려고 했어.

- **I was about to** head out. [아이 워즈 어바웃 투 헤드 아웃]
  막 나가려고 했어.

- **I was about to** wake you up.
  [아이 워즈 어바웃 투 웨이큐 업]
  막 널 깨우려고 했어.

- **I was about to** text him. [아이 워즈 어바웃 투 텍스트 힘]
  막 그에게 문자 보내려고 했어.

Unit 11. 자주 쓰이는 생활 패턴

8

Let me~
내가 ~할게

**let은 사역동사 중 하나로,
Let me~라고 하면
'내가 ~하게 해줘'라는 뜻이 됩니다.
내가 무언가 행동을 할 테니
허락해 달라는 의미이지만
자연스럽게 '내가 ~할게'라고
해석할 수 있습니다.**

Let me~ [렘미]
내가 ~할게

MP3 P11-08

- **Let me** do the dishes. [렘미 두더 디쉬스]
  내가 설거지할게.

- **Let me** help you. [렘미 헬프 유]
  내가 널 도와줄게.

- **Let me** go get it. [렘미 고우 게릿]
  내가 가서 그거 가져올게.

- **Let me** explain it to you. [렘미 익쓰플레인 잇 투유]
  내가 너한테 그거 설명할게.

It's too~
그건 너무 ~해

too는 '너무'라는 뜻의 부사로 주로 부정적인 느낌의 문장에서 사용됩니다.
뒤에 형용사를 넣어 '어떤 것이 너무 ~한 상태임'을 말할 수 있습니다.

It's too~ [잇츠 투]
그건 너무 ~해

MP3 P11-09

- **It's too** dangerous. [잇츠 투 댄져뤄쓰]
  그건 너무 위험해.

- **It's too** much. [잇츠 투 머치]
  그건 너무 많아/과해.

- **It's too** easy for you. [잇츠 투 이지포유]
  그건 너한테 너무 쉬워.

- **It's too** expensive. [잇츠 투 익쓰펜씨브]
  그건 너무 비싸.

10

There is~
~가 있어

There is/are~는 '~가 있다'라는 뜻의 표현입니다. 뒤에 오는 명사의 수에 따라 is나 are를 쓰며, 과거형일 경우에는 was나 were로 바꾸어 쓰면 됩니다.

There is~ [데얼 이즈]
~가 있어

MP3 P11-10

- **There is** some milk. [데얼 이즈 썸 밀크]
  우유가 조금 있어.

- **There is** an apple. [데얼 이즈 언 애플]
  사과가 하나 있어.

- **There is** a banana on the table.
  [데얼 이즈 어 버내너 온더 테이블]
  식탁 위에 바나나가 하나 있어.

- **There is** some juice in the fridge.
  [데얼 이즈 썸 쥬스 인더 프리쥐]
  냉장고에 주스가 조금 있어.

11

There aren't~
~가 없어

앞서 배운 패턴의 부정형으로 무언가가 없다고 말할 때 쓰는 표현입니다.
뒤에 오는 명사가 단수이거나 셀 수 없는 명사일 경우에는 There isn't~로 바꿔 말하면 됩니다.

There aren't~ [데얼 안트]
~가 없어

- **There aren't** any fruits. [데얼 안트 애니 푸룻츠]
  과일이 하나도 없어.

- **There aren't** any socks in the drawer.
  [데얼 안트 애니 싹쓰 인 더 드뤄월]
  서랍에 양말이 하나도 없어.

- **There aren't** anything to eat. [데얼 안트 애니띵 투 잇]
  먹을 것이 하나도 없어.

- **There aren't** any shoes. [데얼 안트 유얼 슈즈]
  네 신발이 없어.

12

Do you have something to~?
~할 것이 있나요?

Do you have something?이라고 물으면 상대방에게 무언가를 가지고 있는지 묻는 질문입니다.
something 뒤에 [to 동사]를 넣어 '~할 것이 있는지' 물을 수 있습니다.

Do you have something to~?
~할 것이 있나요?

[두유 해브 썸씽 투]

MP3 P11-12

- **Do you have something to drink?**
  [두유 해브 썸씽 투 드링크]
  마실 것이 있나요?

- **Do you have something to read?**
  [두유 해브 썸띵 투 뤼드]
  읽을 것이 있나요?

- **Do you have something to play with?**
  [두유 해브 썸띵 투 플레이 위드]
  가지고 놀 것이 있나요?

- **Do you have something to wear?**
  [두유 해브 썸띵 투 웨얼]
  입을 것이 있나요?

13

I have nothing to~
(난) ~할 것이 하나도 없어요

I don't have anything to~와 같은 뜻의 문장으로 하나도 없다는 것을 강조할 때 nothing으로 대신합니다.
역시 to 뒤에 동사를 넣어 '~할 것이 없다'라고 말할 수 있습니다.

I have nothing to~
[아이 해브 낫띵 투]
~할 것이 하나도 없어요

MP3 P11-13

- **I have nothing to** eat. [아이 해브 낫띵 투 잇]
  난 먹을 게 하나도 없어요.

- **I have nothing to** hide. [아이 해브 낫띵 투 하이드]
  전 숨길 게 하나도 없어요.

- **I have nothing to** say to you.
  [아이 해브 낫띵 투 쎄이 투 유]
  당신에게 할 말이 하나도 없어요.

- **I have nothing to** do today. [아이 해브 낫띵 투 두 투데이]
  오늘 할 일이 하나도 없어요.

14

It's time to~
~할 시간이야

무언가를 할 시간이라고 말 할 때 It's time to~ 패턴을 사용합니다. 회화에서는 간단하게 It's를 생략한 채 Time to~라고 말하기도 합니다.

It's time to~
잇츠 타임 투
~할 시간이야

MP3 P11-14

- **It's time to** study English. [잇츠 타임 투 스터디 잉글리쉬]
  영어 공부할 시간이야.

- **It's time to** get ready. [잇츠 타임 투 겟 뤠디]
  준비할 시간이야.

- **It's time to** go to bed. [잇츠 타임 투 고우 투 베드]
  자러 갈 시간이야.

- **It's time to** have dinner. [잇츠 타임투 해브 디널]
  저녁 먹을 시간이야.

Unit 11. 자주 쓰이는 생활 패턴

15

Is it okay to~?
(제가) ~해도 되나요?

상대방에게 허락을 구할 때,
Can I~나 May I~ 대신 쓸 수 있는
표현입니다.
무언가를 해도 괜찮은지 묻는
패턴이죠.

Is it okay to~?
(제가) ~해도 되나요?

[이즈잇 오케이 투]

MP3 P11-15

- **Is it okay to** sit here? [이즈잇 오케이 투 씻 히얼]
  여기 앉아도 되나요?

- **Is it okay to** ask you a question?
  [이즈잇 오케이 투 애스크 유 어 퀘스천]
  당신에게 질문 하나 해도 되나요?

- **Is it okay to** call you Sam? [이즈잇 오케이 투 콜 유 쌤]
  당신을 샘이라고 불러도 되나요?

- **Is it okay to** take pictures in here?
  [이즈잇 오케이 투 테이크 픽쳘쓰 인 히얼]
  여기 안에서 사진 찍어도 되나요?

16

I'm planning to~
(난) ~하려고 계획 중이야

plan은 명사로 '계획'이라는 뜻이지만, 동사로 '계획하다'라는 뜻도 있습니다.
앞으로 무언가 하려고 계획 중이라고 말할 때 be planning to~ 패턴을 사용할 수 있습니다.

I'm planning to~
~하려고 계획 중이야

MP3 P11-16

- **I'm planning to** move to Seoul.
  [아임 플레닝 투 무브 투 서울]
  서울로 이사 가려고 계획 중이야.

- **I'm planning to** go abroad to study.
  [아임 플레닝 투 고우 어브로드 투 스터디]
  난 해외로 공부하러 가려고 계획 중이야.

- **I'm planning to** go on a diet.
  [아임 플레닝 투 고우 온어 다이어트]
  나 다이어트하려고 계획 중이야.

- **I'm planning to** open a shop. [아임 플레닝 투 오픈 어 샵]
  난 가게를 열려고 계획 중이야.

Thank you for~
~(해줘서) 고마워요

고마움을 표현할 때 간단하게 Thank you.라고 말할 수 있지만 구체적으로 무엇이 고마운지 for 뒤에 명사나 동사의 -ing형태를 넣어 말할 수도 있습니다.

Thank you for~
~(해줘서) 고마워요

[쌩큐 포]

MP3 P11-17

- **Thank you for** inviting us. [쌩큐 포 인바이팅 어쓰]
  우리를 초대해줘서 고마워요.

- **Thank you for** the lovely meal. [쌩큐 포 더 러블리 밀]
  멋진 식사 고마워요.

- **Thank you for** helping us. [쌩큐 포 헬핑 어쓰]
  우리를 도와줘서 고마워요.

- **Thank you for** the present. [쌩큐 포 더 프뤠전트]
  선물 고마워요.

Unit 11. 자주 쓰이는 생활 패턴

18

Don't forget to~
~하는 거 잊지 마

forget to는 '~하는 것을 잊다'라는 뜻의 표현입니다. 여기에 Don't를 붙여 잊지 말라는 명령문을 만들 수 있습니다.
반대로 기억하라는 뜻으로 Remember to~라고 바꿔 말할 수 있습니다.

Don't forget to~
~하는 거 잊지 마

MP3 P11-18

- **Don't forget to** text me. [돈포겟 투 텍스트 미]
  나한테 문자하는 거 잊지 마.

- **Don't forget to** wash your hands.
  [돈포겟 투 워쉬 유어 핸즈]
  손 씻는 거 잊지 마.

- **Don't forget to** take your umbrella.
  [돈포겟 투 테이크 유어 엄브렐러]
  우산 가져가는 거 잊지 마.

- **Don't forget to** write me a letter.
  [돈포겟 투 롸잇 미어 레러]
  나한테 편지 쓰는 거 잊지 마.

19

I was busy~
나 ~하느라 바빴어

I was busy. 라고 하면
'나 바빴어.'라는 뜻인데요,
이 뒤에 동사의 -ing를 넣어
무엇을 하느라 바빴는지 구체적으로
말할 수 있습니다.

I was busy~
나 ~하느라 바빴어

[아이 워즈 비지]

MP3 P11-19

- **I was busy** cook**ing**. [아이 워즈 비지 쿠킹]
  나 요리하느라 바빴어.

- **I was busy** clean**ing** the house.
  [아이 워즈 비지 클리닝 더 하우쓰]
  나 집 청소하느라 바빴어.

- **I was busy** do**ing** my homework.
  [아이 워즈 비지 두잉 마이 홈월크]
  나 숙제하느라 바빴어.

- **I was busy** tak**ing** care of them.
  [아이 워즈 비지 테이킹 케얼오브 뎀]
  나 쟤들 돌보느라 바빴어.

Unit 11. 자주 쓰이는 생활 패턴

I don't feel like~
나 ~할 기분이 아니야

'무언가를 할 기분이다, 하고 싶다' 라고 말할 때 feel like를 쓰는데요, 반대로 할 기분이 아닐 때는 부정 형태인 don't feel like를 씁니다. 이 뒤에는 항상 동사의 -ing형태가 와야 합니다.

I don't feel like~ [아이돈 필 라이크]
나 ~할 기분이 아니야

MP3 P11-20

- **I don't feel like** go**ing** out. [아이돈 필 라이크 고잉 아웃]
  나 밖에 나갈 기분이 아니야.

- **I don't feel like** talk**ing** to you.
  [아이돈 필 라이크 토킹 투유]
  나 너랑 말할 기분이 아니야.

- **I don't feel like** watch**ing** TV.
  [아이돈 필 라이크 워칭 티비]
  나 TV 볼 기분이 아니야.

- **I don't feel like** danc**ing** with them.
  [아이돈 필 라이크 댄싱 위드뎀]
  나 쟤들하고 춤출 기분이 아니야.

복습하기

해석을 보고 빈칸을 채워본 후 음원을 들으면서 큰 소리로 따라 해보세요.
정답은 책의 뒷부분에 있어요.

1. _____ _____ tell me more?
   더 이야기해줄래요?

2. _____ _____ ask a question?
   질문해도 되나요?

3. _____ _____ _____ invite them.
   그들을 초대하고 싶어요.

4. _____ _____ _____ have some snack?
   간식 좀 드시겠어요?

5. _____ _____ _____ walk my dogs.
   난 내 개들을 산책 시키곤 했어.

6. _____ _____ _____ skipping breakfast.
   난 아침 거르는 거에 익숙해.

7. _____ _____ _____ wake you up.
   막 널 깨우려고 했어.

8. _____ _____ do the dishes.
   내가 설거지할게.

9. _____ _____ easy for you.
   그건 너한테 너무 쉬워.

10. _____ _____ some milk.
    우유가 조금 있어요.

11. _____ _____ any fruits.
과일이 하나도 없어요.

12. _____ _____ _____ _____ drink?
마실 것이 있나요?

13. _____ _____ _____ eat.
난 먹을 게 하나도 없어요.

14. _____ _____ _____ study English.
영어 공부할 시간이야.

15. _____ _____ _____ sit here?
여기 앉아도 되나요?

16. _____ _____ _____ move to Seoul.
서울로 이사 가려고 계획 중이야.

17. _____ _____ _____ inviting us.
우리를 초대해줘서 고마워요.

18. _____ _____ _____ take your umbrella.
우산 가져가는 거 잊지 마.

19. _____ _____ taking care of them.
나 쟤들 돌보느라 바빴어.

20. _____ _____ _____ going out.
나 밖에 나갈 기분이 아니야.

Unit 11. 자주 쓰이는 생활 패턴　259

복습하기 정답

UNIT 01 | Section 1 (28쪽)

1. I like to read books. 나는 책 읽는 걸 좋아해.
2. I like to go to the museum.
   나는 박물관에 가는 거 좋아해.
3. I like to eat pizza. 나는 피자 먹는 거 좋아해.
4. I want to drink coffee. 나 커피 마시고 싶어요.
5. I want to buy a new bag. 나 새 가방 사고 싶어요.
6. I want to have my room. 나 내 방 가지고 싶어요.
7. You need to stop whining.
   넌 징징대는 걸 멈춰야 해.
8. You need to leave now. 넌 지금 떠나야 해.
9. You need to help the kids.
   넌 그 아이들을 도와야 해.

UNIT 01 | Section 2 (42쪽)

1. I don't want to sing songs.
   난 노래 부르는 거 안 좋아해.
2. I don't like to do the homework.
   난 숙제하는 거 안 좋아해.
3. I don't like to walk the dog.
   난 개 산책시키는 거 안 좋아해.
4. You don't need to answer the phone.
   넌 전화 받을 필요 없어.
5. You don't need to tell me a lie.
   넌 나한테 거짓말할 필요 없어.
6. You don't need to run to school.
   넌 학교에 달려갈 필요 없어.
7. We don't want to study now.
   우리는 지금 공부하고 싶지 않아요.
8. We don't want to sleep outside.
   우리는 밖에서 자고 싶지 않아요.
9. We don't want to miss the bus.
   우리는 버스를 놓치고 싶지 않아요.

UNIT 01 | Section 3 (56쪽)

1. Do you like to play games?
   너 게임하는 거 좋아하니?
2. Do you like to watch TV?
   너 TV 보는 거 좋아하니?
3. Do you like to stay in grandma's?
   너 할머니 댁에서 사는 거 좋아하니?
4. Do they want to come to Korea?
   그들은 한국에 오고 싶어해?
5. Do they want to take him?
   그들은 그를 데려가고 싶어해?
6. Do they want to stay with me?
   그들은 나와 머무르고 싶어해?
7. Do we have to call him back?
   우리 그에게 다시 전화해야 해?
8. Do we have to wear swimsuits?
   우리 수영복 입어야 해?
9. Do we have to write in English?
   우리 영어로 써야 해?

UNIT 02 (82쪽)

1. They are kind to me. 그들은 나에게 친절해.
2. They are busy all the time. 그들은 항상 바빠.
3. They are popular with the girls.
   그들은 여자들에게 인기가 있어.
4. We are not hungry at all.
   우리는 전혀 배가 고프지 않아.
5. We're not angry at both of you.
   우리는 너희 둘한테 화나지 않았어.
6. We are not happy without you.
   우리는 당신 없이 행복하지 않아요.
7. Are you sad because of me?
   너희들 나 때문에 슬프니?
8. Are you afraid of spiders?
   너 거미 무서워하니?
9. Are you worried about the test?
   너 시험이 걱정되니?
10. I'm very proud of you.
    나는 네가 정말 자랑스러워.
11. I'm very disappointed in you.
    나는 너한테 정말 실망했어.
12. I'm really satisfied with my grade.
    나는 정말 내 성적에 만족해.
13. I feel sorry for that girl. 저 여자애 정말 안됐다.
14. I feel lucky to be alive.
    나 살아있다니 행운이야.
15. I feel lonely these days. 나 요즘 외로워.
16. You look great tonight. 너 오늘밤 멋져 보여.
17. You look cute together.
    너희들 같이 있으니까 너무 귀엽다.
18. You look tired and sleepy.
    너 피곤하고 졸려 보여.

UNIT 03 | Section 1 (98쪽)

1. He loves soccer balls. 그는 축구공을 좋아해.
2. He loves classical music.
   그는 클래식 음악을 좋아해.
3. He loves all the children.
   그는 모든 아이들을 좋아해.
4. She needs new shoes. 그녀는 새 신발이 필요해.
5. She needs love from mother.
   그녀는 엄마의 사랑이 필요해.
6. She needs discipline sometimes.
   그녀는 가끔 훈계가 필요해.
7. It has four wings. 그것은 날개를 4개 가지고 있어.
8. It has one big toe.
   그것은 큰 발가락 한 개를 가지고 있어.
9. It has a sensitive nose.
   그것은 예민한 코를 가지고 있어.

UNIT 03 | Section 2 (112쪽)

1. He doesn't love her anymore.
   그는 그녀를 더 이상 사랑하지 않아.
2. He doesn't love my parents.
   그는 우리 부모님을 사랑하지 않아.
3. He doesn't love wild animals.
   그는 야생동물을 사랑하지 않아.
4. She doesn't need your help.
   그녀는 너의 도움이 필요하지 않아.
5. She doesn't need money or help.
   그녀는 돈도 도움도 필요하지 않아.
6. She doesn't need anything else.
   그녀는 다른 어떤 것도 필요하지 않아.

7. It doesn't have a tail like others.
   그것은 다른 것들처럼 꼬리가 있지 않아.
8. It doesn't have windows inside.
   그것은 안에 창문이 없어.
9. It doesn't have a volume button.
   그것은 음량 버튼이 없어.

UNIT 03 | Section 3 (126쪽)

1. Does he love computer games?
   그는 컴퓨터 게임을 좋아해?
2. Does he love old songs?
   그는 옛날 노래를 좋아해?
3. Does he love coffee or tea?
   그는 커피를 좋아해, 아니면 차를 좋아해?
4. Does she need an expensive car?
   그녀는 비싼 차가 필요해?
5. Does she need a brand new bicycle?
   그녀는 새로 나온 자전거가 필요해?
6. Does she need another doll?
   그녀는 또 다른 인형이 필요해?
7. Does it have long legs?
   그것은 긴 다리를 가지고 있어?
8. Does it have a double bed?
   그것은 더블베드를 가지고 있어?
9. Does it have a name tag?
   그것은 이름표를 가지고 있어?

UNIT 04 (152쪽)

1. He can swim in the river.
   그는 강에서 수영할 수 있어.
2. She can't drive at night. 그녀는 밤에 운전 못해.
3. Can he stay longer? 그가 더 머물러도 돼요?
4. Can he invite friends?
   그는 친구를 초대해도 되나요?
5. She may be upset. 그녀는 화가 났을지도 몰라.
6. He must bring the receipt.
   그는 영수증을 가져와야 해.
7. She must not know about them.
   그녀는 그들에 대해 알면 안 돼.
8. She must not touch the painting.
   그녀는 그림을 만지면 안 돼.

UNIT 05~06 (172쪽)

1. I'm tall and slim. 나는 키가 크고 날씬해.
2. She's not my aunt.
   그녀는 우리 고모/이모가 아니야.
3. We enjoy outdoor activities.
   우리는 야외 활동을 즐겨.
4. I don't like to go shopping.
   나는 쇼핑가는 걸 좋아하지 않아.
5. They work out after dinner.
   그들은 저녁 식사 후에 운동을 해.
6. He lives with his parents.
   그는 부모님과 함께 살아.
7. She doesn't break her promise.
   그녀는 약속을 어기지 않아.

8. I was bored to death.
   나는 지루해서 죽을 뻔했어.
9. She wans't ready to go out.
   그녀는 나갈 준비가 안 됐었어.
10. You became a pilot. 너 조종사가 됐구나.
11. I didn't cut in line. 나는 새치기하지 않았어.
12. We joined the book club.
    우리는 북클럽에 가입했어.
13. They didn't tell the truth.
    그들은 진실을 말하지 않았어.
14. He broke his arm. 그는 팔이 부러졌어.
15. You spent too much money.
    너는 너무 많은 돈을 썼어.
16. I didn't break the window.
    나는 창문을 깨지 않았어.
17. He took a lot of pictures.
    그는 많은 사진을 찍었어.
18. They didn't go to the park.
    그들은 공원에 가지 않았어.

UNIT 07~08 (186쪽)

1. Be nice to your friends.
   친구들에게 친절하게 대해.
2. Don't be late for school. 학교 늦지 마.
3. Stop fighting. 그만 싸워.
4. Set the table, please. 식탁 좀 차려줘.
5. Never lie to me. 절대 나한테 거짓말하지 마.
6. Let's go to the park. 우리 공원에 가자.
7. Let's not waste our time.
   우리 시간을 낭비하지 말자.
8. Shall we have dinner together?
   우리 같이 저녁식사 할래요?

9. Why don't we take a walk?
   우리 산책하는 게 어때?
10. How about eating out? 외식하는 거 어때?

UNIT 09 (194쪽)

1. What did you eat for breakfast?
   너 아침으로 뭐 먹었어?
2. Why do you have it? 너 왜 그거 가지고 있니?
3. Where did you meet him?
   너 그를 어디서 만났어?
4. When did he fall asleep? 그는 언제 잠들었니?
5. Who did this to you? 누가 너한테 이랬니?
6. How was your vacation? 휴가 어땠어?
7. Why does she hate me?
   그녀는 왜 날 싫어하니?
8. When do we leave? 우리 언제 떠나요?

UNIT 10 (216쪽)

1. I am talking on the phone. 나 전화 통화 중이야.
2. She was drawing some pictures.
   그녀는 그림을 그리고 있었어.
3. We're going to move to Jeju.
   우리는 제주도로 이사 갈 거야
4. She'll take a subway. 그녀는 지하철을 탈 거야.
5. He's taller than my dad.
   그는 우리 아빠보다 키가 커.
6. I'm the youngest in my family.
   우리 가족 중에 내가 가장 어려.

7. They made her pick up the trash.
   그들은 그녀가 쓰레기를 줍게 했어.
8. My dad has me recycle everything.
   우리 아빠는 내가 모든 것을 재활용하게 해.
9. We saw you feed the cat.
   우리는 네가 고양이에게 먹이를 주는 걸 봤어.
10. He heard you yell at me.
    그는 네가 나한테 소리치는 걸 들었어.
11. You made me do this.
    네가 나한테 이거 시켰잖아.
12. I have my sister do my homework.
    나는 여동생에게 내 숙제를 하게 해.
13. I have nothing to eat.
    난 먹을 게 하나도 없어요.
14. It's time to study English.
    영어 공부할 시간이야.
15. Is it okay to sit here? 여기 앉아도 되나요?
16. I'm planning to move to Seoul.
    서울로 이사 가려고 계획 중이야.
17. Thank you for inviting us.
    우리를 초대해줘서 고마워요.
18. Don't forget to take your umbrella.
    우산 가져가는 거 잊지 마.
19. I was busy taking care of them.
    나 쟤들 돌보느라 바빴어.
20. I don't feel like going out.
    나 밖에 나갈 기분이 아니야.

UNIT 11 (258쪽)

1. Could you tell me more? 더 이야기해줄래요?
2. May I ask a question? 질문해도 되나요?
3. I'd like to invite them. 그들을 초대하고 싶어요.
4. Would you like to have some snack?
   간식 좀 드시겠어요?
5. I used to walk my dogs.
   난 내 개들을 산책 시키곤 했어.
6. I'm used to skipping breakfast.
   난 아침 거르는 거에 익숙해.
7. I was about to wake you up.
   막 널 깨우려고 했어.
8. Let me do the dishes. 내가 설거지할게.
9. It's too easy for you. 그건 너한테 너무 쉬워.
10. There is some milk. 우유가 조금 있어요.
11. There aren't any fruits. 과일이 하나도 없어요.
12. Do you have something to drink?
    마실 것이 있나요?